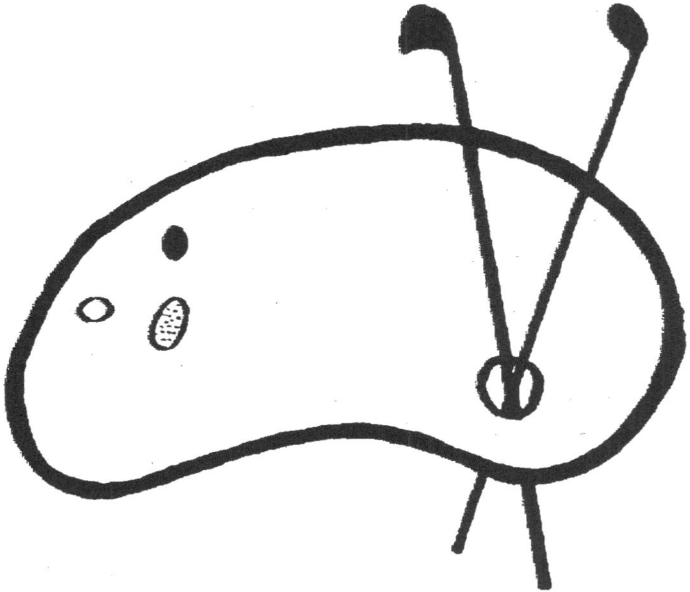

HISTOIRE DES INVASIONS

DES

NORTHMANS

DANS LA MORINIE,

Par Alp. PAILLARD.

Was ehrbolgan Krist :	Erat iratus Christus :
Leidhor ther ingaldiz	Permisit hanc tyrannidem,
Tho erbarmedes God.	At misertus est Deus.

(Chant teutonique sur la bataille de Saucourt).

SAINT-OMER,

IMPRIMERIE DE FLEURY-LEMAIRE, LITTE-RUE.

1859

FIN D'UNE SERIE DE DOCUMENTS
EN COULEUR

HISTOIRE

DES

INVASIONS DES NORTHMANS

DANS LA MORINIE.

HISTOIRE DES INVASIONS

DES

NORTHMANS

DANS LA MORINIE,

Par Alp. PAILLARD.

Was ehrbolgan Krist :	Erat iratus Christus :
Leidhor ther ingaldiz	Permisit hanc tyrannidem.
Tho erbarmedes God.	At misertus est Deus.

(Chant teutonique sur la bataille de Saucourt).

SAINT-OMER,

IMPRIMERIE DE FLEURY-LEMAIRE, LITTE-RUE.

1858

INVASIONS DES NORTHMANS

DANS LA MORINIE

INTRODUCTION.

Les invasions northmandes des IXe et Xe siècles ont vivement excité la curiosité des savants de notre temps.

Elles tiennent, dans l'histoire, entre le grand mouvement des peuples germaniques du Ve siècle et la réaction de l'Occident chrétien contre l'Orient musulman qui enfanta les croisades, une place trop importante pour qu'il soit permis de les négliger.

Ce n'est pas seulement en substituant dans la Grande-Bretagne, dans les Gaules, l'Italie, les Normands de Guillaume aux Saxons d'Hengist, les cavaliers de Roger aux Sarrasins de Kaïroan, en chassant les Grecs de la Pouille, les Francs de la Neustrie maritime, que les pirates du Nord influent sur les destinées du monde.

Instruments providentiels, ils sont envoyés, à l'heure

marquée, comme les hordes d'Alaric et d'Attila, pour précipiter la chute du second empire d'Occident, ce vain et magnifique rêve d'un glorieux barbare.

C'est au moment même où Charlemagne, dans tout l'éclat de sa puissance, vient de poser sur sa tête la couronne impériale, c'est lorsqu'il reprend, après deux siècles d'interruption, l'œuvre inachevée de Constantin, que les Northmans apparaissent, ébranlant, jusqu'à ce qu'ils l'aient renversée, cette Rome germanique refaite par un grand homme et qui, comme celle d'Auguste, n'aspire à rien moins qu'à confondre et absorber dans son sein les races européennes.

Ainsi, dans ses vues inconnues, la Providence se sert des oscillations des peuples pour rapprocher ou disjoindre tour-à-tour les éléments dont se compose l'humanité. Alexandre a-t-il réuni au foyer de la civilisation hellénique les nations les plus lointaines de l'Orient, les Romains et les Parthes accourent de l'Est et de l'Ouest et rompent le faisceau de la conquête macédonienne. Rome, à son tour, établit la plus vaste domination dont les peuples aient gardé la mémoire; arrivée au terme, elle succombe, mise à sac par les peuplades sorties des solitudes de la Germanie et des sables de l'Arabie. Sur ses ruines, deux grands empires s'élèvent : la théocratie des khalifes, la monarchie guerrière des Francs. A peine ils sont nés, et déjà l'un est promis en proie aux hordes tartares, l'autre, miné d'avance par son immensité même, les ambitions des grands feudataires, les efforts des nationalités impatientes du joug, s'écroulera en moins d'un siècle sous les coups des barbares du Nord et de l'Orient, des Scandinaves, des Hongrois et des Sarrasins.

La lutte des Northmans contre la chrétienté franke est

donc, pour ainsi dire, le dernier épisode et comme le renouvellement de cette mémorable invasion qui détruisit l'empire des Césars et fonda les nationalités modernes.

En Irlande, elle implante la domination d'une race étrangère. En Angleterre, elle prélude par la monarchie danoise de Canut à la conquête normande de Guillaume. En Gaule et en Germanie, elle est la cause ou le prétexte du divorce des provinces unies sous le sceptre de Charlemagne, la raison ou l'excuse derrière laquelle s'abritent les usurpations des Eudes, des Arnulf, des Boson.

En même temps, son action dissolvante réduit en poussière l'établissement politique et social de Charlemagne.

Lorsque les Scandinaves mettent pour la première fois le pied sur le sol de la Gaule, ils trouvent devant eux une société vigoureusement organisée, une monarchie catholique et guerrière, ayant au sommet l'Empereur, évêque extérieur, chef religieux et militaire; au-dessous, les évêques et les comtes; en bas, les hommes libres. L'Empereur est la tête de ce vaste corps; les armées sont ses bras; les conciles, sa voix. L'assemblée des hérimen, des grands et des évêques fait la loi; le souverain la promulgue; le comte l'applique; le *missus dominicus,* œil du prince, surveille les rouages de l'administration et leur imprime une action commune.

Tel est l'aspect, calme et grandiose dans sa simplicité, que présente alors le monde carlovingien. Un siè[illegible] après, au moment où finissent les invasions scandinaves, tout a changé. Il n'y a plus d'empire frank : on compte autant de rois que d'idiòmes. La royauté même, à vrai dire, a disparu : de petits ducs couronnés ont pris la place des empereurs. Les hommes libres ne s'assemblent plus en Champ-de-Mai : ils ont été fauchés à Fontenay. Les comtes ne sont plus les dispensateurs de la justice royale : ils se sont faits seigneurs héréditaires du sol, maîtres absolus de leurs hommes. Sur le penchant des collines, au sommet des rochers, dans l'épaisseur des bois, au passage des rivières, se dressent les donjons crénelés, les tours carrées, symbole et boulevard de la féodalité dont elles abritent le berceau. La puissance politique s'est déplacée : de l'église, elle a passé à la noblesse armée. La force matérielle a pris le pas sur la force morale, ainsi qu'au temps de Charles-Martel et des invasions sarrasines. Mêmes causes, mêmes effets.

Voilà quel a été le résultat imprévu, spontané, d'une guerre où la résistance, forcée de s'éparpiller aussi bien que l'attaque, a créé partout des chefs pour faire face partout à un ennemi qui menace à la fois tous les points du territoire.

Dans une de ces belles pages où l'érudition devient presque du génie, Ducange a admirablement exposé cette transition de la royauté carlovingienne à la féodalité, sortie tout armée des nécessités de la défense.

« Les peuples infidèles, dit-il, étaient au cœur du « royaume..... Ce fut alors que la France, se trouvant « frontière à elle-même de tous côtés, les gouverneurs « des provinces et des places n'espérant plus aucun se- « cours de leurs princes, commencèrent à fortifier les « villes et à tirer des troupes de leurs gouvernements « pour s'opposer aux courses des Normands qui brûlaient, « pillaient et ravageaient tout le pays sans trouver aucune « résistance. Ensuite, connaissant leurs forces et se « voyant les armes à la main, l'autorité des princes étant « d'ailleurs presque anéantie par les divisions domesti- « ques, ils travaillèrent à leur établissement particulier,

« tranchèrent du souverain et ne reconnurent les Rois « que comme supérieurs en dignité, auxquels ils devaient « seulement à ce titre l'honneur et l'hommage..... C'est « là la véritable origine des principautés et des souve- « rainetés héréditaires en France (1). »

Parallèlement à ce mouvement ascendant de la noblesse féodale, se manifeste, au milieu des périls de chaque jour, le développement de la bourgeoisie retranchée dans les villes. Les restes des cités romaines détruites, les amas de huttes confusément rassemblées au pied d'un riche monastère, deviennent des bourgs, se resserrent, s'entourent de murs fortifiés, se ceignent de hautes tours, de fossés profonds. Les débris de la classe des hommes libres, des *Hérimen*, accourent dans leur enceinte. Dès la fin du XIe siècle, l'historien voit se former, dans les Flandres et la Morinie, la souche de cette fière bourgeoisie, née de la guerre comme la féodalité, comme elle ardente et batailleuse, et qui, pendant toute la durée de sa puissance, maniera aussi vaillamment la lance de l'homme-d'armes que la navette du tisserand. Pendant que le serf rustique se réfugie sous les murs du château, les classes moyennes se pressent à l'abri des remparts des jeunes cités qui surgissent au milieu des ruines : Bruges, Ypres, Mons, dont les comtes de Flandre et de Hainaut bâtissent les forteresses ; St-Omer, dont les bourgeois arrosent de

(1) Ducange, *Hist. de l'état de la ville d'Amiens*. Amiens, 1840, p. 40, 42. — Voy. aussi Hume, *Hist. of England*, t. I; Bonamy, *Mém. sur les causes de la facilité que les Normands trouvèrent*, etc., t. XVI et XVII des *Mém. de l'Acad. des Inscript.*; Van Bolhuis, *de Normannen in Nederland*; et le *Mémoire* que nous avons publié en 1843 sur les *Invasions des Northmans en Belgique*, t. XVI des *Mém. couronnés de l'Acad. Roy. de Bruxelles*.

leur sang et consacrent les murs par une double victoire sur les Barbares scandinaves.

Par les deux points extrêmes, par l'organisation féodale et par le développement municipal, l'invasion northmande contribue donc dans une large mesure à la formation de la société moderne. Ce qu'avait été pour la race latine la grande invasion, celle du IXe siècle le fut pour les races germaniques. Elle clôt l'ère de la conquête et prépare celle des nationalités européennes.

Plus tard, quand les courses des rois de la mer eurent cessé, lorsque la chrétienté commença à se reconnaître et à faire l'inventaire de ses pertes, un cri d'effroi sortit d'abord de ses entrailles. Les campagnes désertes, les splendides cités de l'empire de Charlemagne détruites ou réduites en solitudes, les bibliothèques des monastères en cendres, l'anarchie dans le gouvernement, la dépravation dans les mœurs, la dissolution partout, tel était le spectacle qui s'offrit à ses regards. Beaucoup, à cette vue, désespérent de l'humanité et la lugubre croyance de la fin du monde se répandit d'un bout à l'autre de l'Occident.

Ce que l'homme prenait pour la fin des temps n'était que l'aurore du jour nouveau. La société, si rudement ébranlée, se relève plus vivace. La tradition romaine, renouée par le fils de Peppin, est une seconde fois rompue; mais, à la place de la renaissance latine, ont surgi les langues modernes et l'esprit inconnu qui les anime. La théocratie couronnée des Césars carlovingiens est morte; mais, la papauté transfigurée est devenue le centre moral de l'Europe. L'unité franke est dissoute; mais, les nationalités européennes sont fondées. Les Barbares du Nord ont conquis une partie du monde chrétien;

mais, la Péninsule d'où ils sont sortis est elle-même, avant la fin de sa victoire, conquise et domptée par la Croix.

De la tempête, la religion du Christ et la civilisation moderne sont sorties plus puissantes, et cette invasion du Nord qui menaçait de tout engloutir n'a fait, en définitive, que précipiter les destinées du monde nouveau.

Tel est le grand intérêt qui s'attache à l'histoire des expéditions scandinaves.

Le fragment que nous allons en extraire, le récit des invasions des Northmans dans la Morinie, ne reflète sans doute pas d'une manière complète la révolution que nous venons d'esquisser. Mais, dans un cadre plus restreint, elle n'en renferme pas moins l'histoire de l'humanité et de ses souffrances pendant cette période de crise : des calamités inouïes, d'héroïques dévouements, tous les excès de la barbarie, toutes les horreurs du désespoir, toutes les grandeurs du patriotisme et du martyre.

CHAPITRE I.

Charlemagne. — Premières apparitions des Northmans. — La flotte de Boulogne. — Organisation de la défense de l'empire. — Louis le Débonnaire.

782. — 841.

Le nom des Northmans n'apparaît dans les annales frankes que sous Charlemagne. Ce n'est pas à dire sans doute que les Scandinaves n'eussent jamais auparavant visité les côtes de l'Occident. Les hommes du Nord, longtemps avant le IXe siècle, connaissaient la Gaule sous le nom teutonique de *Kerlingaland*, le *vieux pays (Kerlingen*, les vieux), dénomination dont l'origine remonte aux invasions saxonnes et aux premiers démêlés des Danois avec les fils de Clovis (1). Les chroniques flamandes, les vies des saints ont conservé la vague tradition des courses des Barbares du Nord dans la Flandre et les pays voisins au VIIe siècle, deux cents ans après la descente de Cochiliac dans les états de Théodebert. Les récits à demi-fabuleux recueillis par Gramaye et Malbrancq sur la fondation de Lombardside et sur les prétendues guerres des comtes de Boulogne avec les Huns et les Northmans ont paru au savant historien Suhm être l'expression altérée d'une vérité historique. Peut-être serait-il permis de voir dans le seigneur de Sithieu, le pirate Adroald, un de ces *vikinœgr* du Nord établis sur le littoral de la Gaule.

(1) Thorm. Torfæi *Series Dynast. et Reg. Daniæ*. Hafniæ, 1762, p. 441.

Mais, il faut arriver au VIIIe siècle pour rencontrer un terrain plus solide et toucher le sol de l'histoire.

C'est en 782 que pour la première fois les Northmans et les empereurs franks se trouvèrent en présence.

Charlemagne visitait alors la malheureuse Saxe tant de fois vaincue et toujours indomptée. Il tenait aux sources de la Lippe un plaid auquel étaient accourus les envoyés des hordes dont il venait de heurter les frontières. Parmi les ambassadeurs de ces peuples dont les vêtements, les traits, les noms mêmes, étaient également nouveaux pour les Franks, à côté des députés des Ouigours et du Chagan, se trouvèrent ceux des rois northmans.

Charlemagne ne savait rien jusque-là des mœurs de ces nations mystérieuses que Rome avait ignorées, et dont, bien des années après, le chantre de Louis-le-Pieux traçait ce portrait où se mêlent encore la fable et la vérité :

« Il y avait alors une race à laquelle le perfide serpent « avait laissé l'antique erreur et dérobé la connaissance « du vrai Dieu. Païenne encore, elle conservait un culte « impie, adorant de vaines idoles au lieu de son Créa« teur. Neptune était un de ses dieux : Jupiter occupait « la place du Christ. Ces peuples portent depuis l'anti« quité le nom de Danois *(Dani)* et, dans la langue des « Francs, de *Nortmanni, hommes du Nord*. Souples, agiles, « trop guerriers, hélas ! ils sont connus au loin, habitent « les mers et vont partout sur leurs vaisseaux cherchant « leur subsistance. Cette nation est d'ailleurs belle de « visage, d'une taille et d'un aspect imposants. Aussi, la « tradition leur assigne-t-elle une origine commune avec « les Francs (1). »

(1) Ermoldi Nigelli *Carm. de Gest. Lud. Pii*, liv. IV.

Le grand roi reçut avec une inquiète curiosité ces députés ou plutôt ces espions de la barbarie et les renvoya chargés de présents (1).

Mais déjà, au fond des cœurs couvaient sous ces apparences amicales les germes des longues inimitiés qui, éclatant huit ans après l'assemblée de la Lippe, vengèrent sur l'empire et les temples du Christ Odin et Witikind.

L'an 800, les Northmans parurent sur les côtes des Gaules et leur audace arracha à l'empereur ces larmes prophétiques dont le souvenir s'est perpétué dans les légendes contemporaines.

Depuis ce moment, ils ne cessent de désoler les rivages de la Gaule et de la Germanie, et Alcuin, dans ses lettres, mentionne une véritable bataille navale soutenue en 804 par une de leurs flottes sur les côtes d'Aquitaine (2).

Bravé au sein de ses états par une poignée de pirates, Charlemagne devina avec la prescience du génie le danger dont ces enfants perdus de la Barbarie menaçaient son empire.

En véritable grand homme, il ne se dissimulait pas la faiblesse réelle de la vaste monarchie qu'il venait de relever et il ne négligea rien pour prévenir ou du moins retarder sa chute. La mer du Nord et la Manche étaient déjà infestées par les pirates : Charles se hâta d'en faire le boulevard de l'empire. En quelques années, une flotte fut créée pour la garde des côtes, et, l'an 810, elle fut lancée à Gand et descendit majestueusement l'Escaut pour prendre la mer.

L'année suivante, l'empereur vint la passer en revue

(1) Eginhardi *Ann. de Gest. C. M.* — Poetæ Saxon. *Ann.* l. II.
(2) Eginhardi *V. Car. M.* c. 17. — Alcuini *Ep.* 92. ed. Froben, t. I, p. 135. — Schlosser, *Weltgeschichte*, th. II, 1 S., p. 417.

sur cette même plage de Boulogne où, dix siècles plus tard, le Charlemagne des temps modernes organisait l'éphémère et immortelle flottille.

Rien, dans le cours de cette excursion, n'échappa à l'œil du monarque frank. Il visita en personne la côte jusqu'à Wissant. L'antique phare de Boulogne, la Tour d'Ordre, ce monument jadis employé par les Romains à surveiller les descentes des Saxons, fut restauré et ses feux rallumés. Des bouches de l'Escaut aux extrémités de la Narbonnaise et de la Septimanie, Charles parcourut toutes les côtes de l'empire, inspectant les ports semés sur les rivages de l'Océan, de la Manche et de la Méditerranée, relevant les fortifications tombées en ruines depuis les Césars, en créant de nouvelles sur les points les plus faibles, plaçant dans toutes les anses suspectes des postes et des vigies, chargés de signaler les bâtiments ennemis et d'empêcher leur débarquement.

Un capitulaire enjoignit aux habitants du littoral de courir en armes au-devant des pirates, au premier appel des comtes préposés à la garde maritime, sous peine de vingt sols d'amende. D'un bout à l'autre de l'empire, les populations maritimes se relevaient à tour de rôle pour la surveillance des côtes et les monastères même ne furent pas exemptés de cette contribution patriotique (1).

(1) Ipse autem interea, propter classem quam anno superiore imperavit videndum, ad Bononiam, civitatem maritimam ubi eædem naves congregatæ erant, accessit farumque ibi ad navigantium cursus dirigendos antiquitus constructum restauravit et in summitate ejus nocturnum ignem accendit. (Eginh. *V. Car. M.* et *Epist.* XXII). — Adonis *Chron.* an. 811. — *Annal. Loisel.*, Hist. des Gaul. t. IV, p. 60 et 61. — *Ann. Mett.* ib. p. 357. — Astronomi *V. Ludovici Pii.*

Quare in ipso mari quod tunc piratis Nortmannis erat infestum, classem instituit, præsidio disposuit (Aimoin. I. IX, c. 90). — Voy. dans Baluze, Capitul. Reg. Franc. t. I, col. 378, 463, 464 et 775.

Remarquons toutefois que, dans ce formidable ensemble de mesures, aucune ne s'applique à l'intérieur de la monarchie. Le vaillant empereur n'avait pu imaginer que les Barbares parvinssent à franchir la ligne de fer qu'il leur opposait et qu'un jour les capitales de la Chrétienté et de l'Islam, Aix, Paris, Cordoue, dussent être profanées par ces hordes sauvages. C'était le côté faible du plan de défense de Charlemagne et ce défaut de prévoyance explique la rapidité foudroyante des succès qu'obtinrent les pirates dès qu'ils eurent renversé les obstacles amassés sur les côtes.

Néanmoins, si les institutions carlovingiennes avaient survécu au grand homme, le système défensif qu'il léguait à ses successeurs pouvait les sauver.

Malgré les langueurs d'un règne humilié, Louis-le-Débonnaire n'eut qu'à faire respecter les établissements de son père pour éloigner de ses états les invasions du Nord. Tandis qu'il envoie des missionnaires dans la Péninsule scandinave, qu'il intervient dans les discordes civiles des rois Jutlandais, qu'il contraint au baptême les chefs qui viennent lui demander asile ou secours, qu'il établit des colonies de réfugiés danois à la limite septentrionale de son empire, Louis renouvelle les capitulaires sur la garde maritime (835), construit des vaisseaux spécialement destinés à donner la chasse aux Northmans (832), établit de nouveaux postes *(seditiones)* sur les points opposés aux descentes de leur flotte (837) (1).

les Capitulaires des années 802, *De Navigat.*, 808, art. IX et X, ch. IV, libel. art. V. — Mabillon, t. V, c. 46. — L'abbé Carlier. *Dissert. sur l'état du commerce en France sous les rois de la première et de la seconde races.* Amiens, 1753, p. 112.

(1) *Annal. Fuld.* an. 832. — *Ann. Bertin.* an. 895. — Eginh. abb *Epist.* — *V. Lud. Pii.* an. an. 837.

Quelle que soit la faiblesse du souverain, ce reste de vigilance suffit à préserver de toute insulte la meilleure part de ses domaines. Entre la glorieuse apogée de la monarchie carlovingienne et l'ère prochaine de sa décadence, le règne du petit-fils de Peppin est comme une suspension d'armes pendant laquelle les nations conquises se préparent en silence pour le jour du combat, les Barbares pour le jour de la dévastation.

CHAPITRE II.

Charles-le-Chauve. — Tactique des Northmans dans leurs premières invasions. — Prise de Quentovic, 842. — Weland à S. Bertin, 860.

841 — 877.

Jusqu'à la mort de Louis-le-Débonnaire, les hommes du Nord s'étaient bornés à la reconnaissance des côtes de l'empire carlovingien. De l'an 841 datent réellement les invasions scandinaves.

L'occasion était belle pour les ennemis du nom chrétien. Un abattement profond, une incurable faiblesse se sont emparés du grand empire. Avec la race entière de ses herimen, la nation des Franks a laissé sur le champ de bataille de Fontenay son courage et son esprit de liberté.

De tous côtés, se manifestent les symptômes d'une prochaine décomposition. L'anarchie est partout, partout l'impuissance. Les gouvernements s'épuisent dans des luttes sans grandeur et s'affaissent. Les armées ont tout perdu, discipline, bravoure et fidélité. La campagne est abandonnée : les descendants des conquérants germains désertent ces *villæ* d'où leurs pères ont chassé les grands propriétaires gallo-romains. Il ne reste aux champs qu'une populace de serfs timides et désarmés. Quelques rares châteaux, un petit nombre de villes fortifiées conservent les débris d'une population énergique. Mais, au-delà, des provinces entières demeurent sans défense, livrées à tous les outrages.

Au milieu de cet empire penchant vers sa ruine, les hommes du Nord arrivent. Placées à l'avant-garde, les provinces maritimes reçoivent le premier choc.

Après les colonies militaires et religieuses de la Saxe, les domaines des comtes guerriers de la Frise, les ports de guerre et de commerce de la Batavie et de la Belgique, les Barbares doivent rencontrer d'abord sur leur chemin les côtes encore en partie noyées de la Morinie. Là, entre l'Escaut et la Somme, se trouvent, au IVe siècle, la baie de Nieuport *(Iseræ portus)*, plus importante alors qu'aujourd'hui, à raison de l'affluence des eaux du pays; au-dessous, Mardick, une des clefs du rivage saxon; Sangatte, dont la forteresse commandait sous les Romains l'entrée du détroit; Wissant, dont le port conservait encore son activité commerciale; Boulogne, fière de la prépondérance que lui a rendue Charlemagne; et enfin, à l'embouchure de la Canche, Quentovic, l'Etaples moderne, l'un des grands ateliers monétaires de la dynastie carlovingienne et le principal port d'embarquement pour l'Angleterre.

Sous la domination romaine, deux divisions de la *classis Sambrica*, commandées, l'une par le préfet maritime, l'autre, par le tribun militaire des Nerviens, stationnaient à Quentovic et à Boulogne pour protéger le littoral contre les déprédations de ces pirates Saxons, dignes précurseurs des Northmans. L'organisation militaire de Charlemagne dut s'inspirer de ces traditions vivaces du peuple-roi et il est permis de supposer que Boulogne au nord, Quentovic au midi, au centre Thérouanne, la capitale de la province, étaient, dans la pensée du guerrier-législateur, destinés à former le triangle de granit contre lequel viendraient se briser les armées qui tenteraient d'envahir la Gaule par ses rivages du Nord-Ouest.

Mais, cette longue étendue de côtes offrait bien des points vulnérables. Le port de l'Yser présentait plutôt des facilités pour le débarquement des flottes ennemies que des ressources pour la défense. Quentovic une fois forcé, et c'est de ce côté que se dirigèrent les premiers efforts des Scandinaves, rien ne les arrêtait plus jusqu'à St-Quentin et Amiens. Les bandes qui s'établissaient dans cet *emporium* donnaient la main à celles qui prenaient leurs quartiers d'hiver dans les ruines de Gand, et, ainsi retournée contre ceux qu'elle devait protéger, la ligne de défense de la Gaule septentrionale devenait la base d'opération des pirates contre les contrées qui s'étendent de l'Océan au Rhin.

Les Northmans possédaient parfaitement la topographie de notre littoral. Flodoard raconte quelque part, à propos de l'évasion de l'archevêque Ebbon, prisonnier de Louis-le-Débonnaire, que dans sa fuite vers les missions chrétiennes établies dans le pays des Northmans, il avait pour guides des Scandinaves « qui connaissaient le chemin et « les ports de la mer et des fleuves qui s'y jettent (1). » Tels étaient les fruits de la crédule vanité des monarques franks. Pendant tout le règne de Louis-le-Débonnaire, les portes de l'empire avaient été ouvertes à une foule d'aventuriers danois, qui, feignant d'embrasser le christianisme, exploraient le pays à loisir et revenaient bientôt en ennemis porter le fer et le feu dans ces provinces qu'ils avaient parcourues en néophytes. Plus imprudents encore, ses fils prenaient à leur solde des troupes de ces païens. Les Franks, dans leur rapide décadence, en étaient déjà à imiter les fautes de ces maîtres du monde dont ils

(1) Flodoardi presb. *Hist.* an. 835.

se vantaient de refaire l'histoire, et, comme eux, ils ne craignaient pas d'initier au secret de leur faiblesse les hordes devant lesquelles ils n'allaient pas tarder à trembler. Les historiens ont trop négligé ces détails curieux, sans le secours desquels il serait impossible de s'expliquer l'audace des marches aventureuses des Northmans et leurs faciles triomphes.

Leur première descente sur les côtes de la Morinie remonte au 6 décembre 842, un an après la prise de Rouen par une flotte de la même nation.

Ce jour-là, aux premières lueurs de l'aube, leurs vaisseaux déjà chargés des dépouilles de la Gaule septentrionale, de la Frise et de l'Angleterre, entrèrent dans le port de Quentovic dont la négligence ou la trahison leur ouvrit l'accès. La ville surprise ne résista pas. Le vainqueur impitoyable n'en passa pas moins au fil de l'épée une partie de la population, sans distinction d'âge ni de sexe, entassant le reste sur ses bâtiments et n'épargnant que les édifices qui s'étaient rachetés du pillage.

Les païens s'arrêtèrent peu dans la ville qu'ils avaient si cruellement traitée. Ils ravagèrent le pays jusqu'aux portes d'Arras, dont les moines, saisis de terreur, s'enfuirent au loin avec le corps de S. Vaast. Remontant ensuite par la Flandre et la Frise, ils reprirent la mer à Cotwig, aujourd'hui Katwyck, bourg maritime de Hollande, et firent voile vers l'Angleterre où ils séjournèrent plusieurs années (1).

(1) Annal. Bertin. an 842, Pertz, *Monum Germ.* t. I, p. 430. — Chr. Fontanel. an. 844, *Hist. des Gaul.* t. VII, p. 41. — Balderici *Chr. Cameracc. et Atreb*, ed. *Leglay*, c. 42, p. 67. — Nithardi Caroli M. nep. *Hist.* l. IV, an. 842. — Eckhart. *Comm. de reb. Franciæ Orient.*, 1729, t. II, p. 361. — Langebeck. *Script. rer. Danic.*, t. II, p. 524

La chr. de Fontenelle se trompe en assignant à la prise de Quen-

Le bruit du désastre de Quentovic eut un profond retentissement dans les trois royaumes des petits-fils de Charlemagne. Mais, leur haine resta sourde à ce terrible avertissement. Charles-le-Chauve et Louis-le-Germanique accueillirent avec une joie envieuse la nouvelle du coup qui frappait un frère détesté : « Lothaire, disaient-ils, « apprendrait à connaître qu'il avait forfait contre Dieu « et contre eux (1). » Déjà, se manifestait le fatal esprit d'isolement qui jusqu'à la fin paralysa les efforts des successeurs de Louis-le-Débonnaire dans leur lutte contre les Northmans et les empêcha constamment de s'unir contre l'ennemi commun.

Quatre ans s'écoulent. Au milieu de l'année 845, le bruit se répand qu'après avoir dévasté la Frise, la Flandre et le Pagus Mempiscus, une nouvelle armée northmande s'approche de la Morinie. Partout, au-devant des païens, la terreur fait le désert. Chargés des reliques des saints, peuples, abbés, pontifes, abandonnent les hameaux et les villes, les églises et les monastères. De la Flandre, des provinces maritimes, on accourt dans l'humble forteresse de Sithieu, dont les faibles murailles, les tours à peine

tovic la date de 844. Celle de 842, indiquée par les annales de S. Bertin, est évidemment préférable, puisque les incursions de cette même bande de pirates en Angleterre sont fixées par les historiens anglo-saxons aux années 843 et suivantes.

Eckhart a confondu Cotwig, d'où les Northmans partirent pour la Grande-Bretagne, suivant Nithard, avec Quentovic. Rien n'autorise à penser que cette ville ait été saccagée deux fois de suite : nous n'avons pas hésité à adopter l'opinion contraire du savant Langebeck.

Henry, *Ess. sur l'arr. de Boulogne*, p. 90 et 92, pense que Wissant et Ambleteuse furent détruits dans cette invasion. Son assertion ne s'appuie sur aucun texte.

(1) Lodharius cognovisset se in Deum et illos deliquisse (Nithard. *ut supra*).

ébauchées, n'offrent à ces hôtes sacrés qu'un asile bien précaire. Les moines de Gand, de Wormhoudt y apportent les restes de S. Bavon et de S. Winoc : d'autres arrivent avec les châsses de S. Waswlph, de S. Piat, de Ste Austreberthe.

On ne rencontrait par les chemins que nonnes, prêtres, religieux, courbés sous le poids de ces pieux ossements et allant les cacher dans les villes fortes, au fond des cavernes ou dans l'ombre des bois. On eût dit ces cités antiques dont les habitants désertaient en masse leurs foyers, emportant leurs dieux lares.

A Sithieu même, dont l'enceinte naissante et la réputation de sainteté inspiraient tant de confiance en dehors, l'alarme n'était pas moins grande. Quelques mois auparavant, l'évêque de Thérouanne, S. Folquin, prêchant dans sa cathédrale, s'était interrompu tout-à-coup, et, saisi de l'esprit prophétique, d'une voix tonnante, il avait annoncé à son peuple l'irruption prochaine des Barbares envoyés par Dieu dans sa colère pour châtier l'iniquité de la nation des Franks. A ces paroles menaçantes, des larmes avaient coulé de tous les yeux et plusieurs avaient fait pénitence. On tremblait pour les reliques des saints. Tandis que les religieux venus des contrées lointaines déposaient à Sithieu les trésors de leurs couvents, dans cette même abbaye, Folquin, en présence de l'abbé Adalard et des moines les plus vénérables par leur âge et leur discrétion, enfouissait dans la terre, sous l'autel de l'église St-Martin, le corps de S. Bertin (10 juin).

Tout-à-coup, le nuage qui portait la tempête se jeta d'un autre côté, les Northmans s'arrêtèrent sur les confins de la Morinie, et pour cette fois Sithieu fut sauvé.

S'il fallait cependant accepter le récit que Prudence

nous a laissé de l'expédition northmande de 845, elle ne se serait pas terminée sans que le sac de l'abbaye vînt tristement confirmer les terribles paroles de l'évêque de Thérouanne.

Suivant les annales de St-Bertin, en effet, la troupe qui jetait tant d'épouvante dans la Gaule septentrionale, après avoir poussé ses courses jusqu'à la Seine, pris Paris et contraint Charles-le-Chauve à acheter une paix ignominieuse, serait ensuite revenue sur ses pas et aurait pillé le monastère de St-Bertin. Mais, Dieu se chargea de venger lui-même l'outrage fait à son temple. Les profanateurs furent frappés d'un vertige contagieux, d'un aveuglement miraculeux : la main de la mort s'appesantit sur eux et à peine en échappa-t-il quelques uns pour raconter à leurs compatriotes le châtiment que le Tout-Puissant venait d'infliger aux sacrilèges. Effrayé de ce prodige, le roi danois Erik, pour apaiser la colère du Christ, sollicita la paix, relâcha les captifs chrétiens et restitua le butin apporté dans ses Etats par les pillards de St-Bertin et de St-Germain-des-Prés.

Telle est, en résumé, la narration de Prudence. Mais, Folquin, si exact pour tout ce qui concerne l'histoire de Sithieu, ne fait nulle mention d'un pillage de ce monastère antérieur à 859. Aimoin, qui raconte dans les détails les plus minutieux la prise de Paris par Ragnar Lodbroghe, atteste qu'après la conclusion de la paix de St-Denis, les pirates repartirent pour le Danemarck sans s'arrêter sur aucun point de la côte. Il serait trop étrange, en effet, qu'une armée gorgée de butin, décimée par la dyssenterie, se fût tant hâtée de rompre des engagements contractés sous le coup d'une terreur superstitieuse et, pour ainsi dire, en présence des dieux irrités. Si elle l'eût fait, le chroniqueur n'eût pas manqué de relever cette nouvelle perfidie d'une race exécrée.

Malgré leur accord avec des textes de seconde main, les annales de St-Bertin ne méritent donc, sur ce point, aucune confiance. Il suffit de lire dans Aimoin la relation de la punition miraculeuse des profanateurs de St-Germain-des-Prés, pour se convaincre que l'annaliste n'a fait que le copier en changeant le théâtre de l'événement et en transportant à St-Omer les faits qui s'étaient produits à Paris.

La critique doit par conséquent rejeter d'une manière absolue cet épisode suspect des invasions scandinaves qu'il est impossible de rattacher à la grande expédition de Lodbroghe et dans lequel elle ne pourrait tout au plus voir qu'une pointe heureuse poussée par quelque bande de pillards (1).

Quoiqu'il en soit, une courte trêve ne tarda pas à clore cette première période des guerres des Northmans. Des négociations pacifiques avaient été entamées depuis 845 entre Louis-le-Germanique et le roi danois Erik. Elles

(1) Ann. Bertin. an. 845. Pertz, t. I. p. 442.—Chr. de Gest. norman. an. 846, *Hist. des Gaul.* t. VIII, p. 15. — Chr. Fontanel, ib. p. 41. —J. Iperii. Chr. Sti Bertini, c. 13.—V. Sti Winoci, abb. Woromholt. *Ann. Bened.* p. I, sæc. III, p. 311. — Cf. Aimoini mon. *Paris. lib. mirac. S. Germani Prat. Hist. des Gaul* t. VII. p. 348 sq.

M. Piers, dans une rapide notice sur les invasions des Normands dans la Morinie (*Variétés hist. sur la ville de St-Omer*, p. 17), dit quelques mots de ce prétendu pillage de Sithieu en 845.

Quoique le bourg de St-Omer n'ait été sérieusement fortifié qu'en 881, il y avait déjà, suivant la chronique des Gestes des Normands, un commencement de fortifications : *Ad Stum venerunt Audomarum, quia muro valido et turribus atrium ejus divina providentia munitum erat*.... La chronique donne même à St-Omer le nom significatif de *castrum* : Isti sunt qui propter persecutionem illam pervenerunt *ad idem castrum*.

amenèrent la conclusion d'un traité qui fut solennellement accepté par les trois fils de Louis-le-Débonnaire, à la grande diète de Mersen, en 847.

Mais, dès 850, les révolutions intérieures des royaumes du Nord mirent un terme à cette suspension d'hostilités et les bandes scandinaves reparurent à la fois dans les bassins de l'Escaut, de la Somme et de la Seine.

La Morinie eut, dans cette occasion, à supporter sa part du désastre commun. Pendant tout le mois de juillet, le pays des Ménapiens, Thérouanne et les contrées maritimes adjacentes, furent dévastées par les compagnons du jarl danois Rorik, frère du fameux roi Harald. Lothaire, pour le désarmer, consentit à lui rendre le comté de Dorestadt. Mais, les alliés, qu'il avait fait venir de la Péninsule, ayant refusé de mettre bas les armes en même temps que lui, continuèrent de guerroyer pour leur compte. Après le sac de Thérouanne, ils reprirent la mer, entrèrent dans l'Escaut et désolèrent le Brabant, jusqu'à ce qu'enfin, las de ravager la Gaule, ils se décidèrent à passer dans la Grande-Bretagne où ils furent taillés en pièces à la sanglante journée de Wensbury, battus de nouveau au combat naval de Thanet et exterminés à la bataille d'Ac-léa (1).

Quelques années de repos succèdent à cette douloureuse agitation. Au milieu des calamités qui accablaient

(1) Ann. Bertin. Pertz, t. I, p. 453. — Ann. Fuld. *Hist. des Gaul.* t. VII, p. 163. — Ann. Mett. ib. p. 187. — Chr. de Gest. Norman. ib. p. 153. — Fr. chr. Fontanel. ib. p. 42. — Chr. S. Bavonis, auct. J. Thieroldo. Gand, 1835, p. 6. — Chr. post Bedam script. cit. ab auct. anon. Mir. S[ti] Bavonis, Ghesquières, Acta SS. Belgii, t. II, p. 615. — Gallia christ. t. V, p. 44, 178. — Chr. Saxon. a. 851, p. 74. — Asser. Ann. p. 155. — Pontani, *Hist. Dan.* l. IV, p. 101.

le reste de la Gaule, le calme dont jouissait la Morinie était tel, en 858, que les moines de Fontenelle, au bout de leurs longues pérégrinations à travers des contrées désolées, vinrent y déposer les reliques de S. Wandrille et de S. Ansbert, dans l'église de St-Pierre près de Quentovic, qui leur appartenait (1).

Mais, deux ans plus tard, luirent enfin les jours de colère prédits par S. Folquin.

En 860, les Danois, commandés par Weland, abordent à Nieuport. Leur flotte était formidable : elle couvrait la mer, dit un contemporain, et l'on eût cru voir une forêt de mâts peuplée de bêtes sauvages.

Cette fois, Sithieu et les richesses de la pieuse abbaye sont la proie qui les attire. A peine débarqués, ils marchent droit au monastère de St-Bertin, en suivant le cours de l'Yser, se cachant le jour, rampant la nuit. Ils brûlent en passant l'abbaye de Wormhoudt et, le samedi de la Pentecôte, à la seconde heure du jour, ils fondent sur Sithieu. Déjà, malgré les précautions prises par les Northmans, les religieux avaient fui. Quatre seulement étaient restés. Les intrépides chrétiens qui avaient mieux aimé mourir sur les marches de l'autel que de survivre à la désolation du lieu où leur vie s'écoulait dans l'ombre et la prière, se nommaient Worard, Winetbald, Gerwald et Regenhard. Les deux premiers étaient prêtres, les deux autres simples diacres. Ils attendaient impassibles l'arrivée des Barbares, comme ces vieux sénateurs de Rome dont, suivant l'ingénieuse remarque du savant éditeur de Folquin, ils imitaient la magnanime résolution sans connaître leur histoire.

(1) Libell. de Mirac. S. Wandregisili, auct. mon. Fontan, *Hist. des Gaul.* t. VII, p. 358 et 359.

Deux de ces martyrs volontaires, Worard et Regenhard, obtinrent la mort qu'ils avaient bravée. Worard était le plus âgé des quatre. C'est sur lui que s'épuisa d'abord la rage des pirates. Couvert de contusions, exposé nu pendant trois jours entiers aux injures de l'air, il expira dans l'enceinte même du monastère et mourut de faim, de froid et de douleur. Le diacre Ragenhard vivait encore au moment du départ des païens. Ils voulurent l'emmener avec eux et, malgré sa résistance, le traînèrent, chargé de chaînes, brisé de coups, jusqu'au village où il était né. Mais, là, aucun effort ne put l'obliger à faire un pas de plus. Il se jeta à terre, et, insensible à la douleur, indifférent à la fureur de ses bourreaux, malgré les coups de lance dont ses gardes le perçaient pour le forcer de se relever, l'héroïque enfant tint bon jusqu'à ce qu'ils l'eussent achevé sur place. Ce lieu qu'on appelait *Munninio* porta depuis, en souvenir du jeune martyr, le nom de *Munnekeburt,* c'est-à-dire en langue tudesque, *naissance du Moine,* (aujourd'hui Mannequebeurre, hameau de la commune de St-Folquin).

Winetbald et Gerwald survécurent aux tortures auxquelles leurs compagnons avaient succombé. Les brigands avaient soumis Winetbald à la question de l'eau par les narines, afin de lui arracher le secret du lieu où les moines avaient enfui leur trésor ; il résista à cet atroce traitement. Gerwald, pendant tout le séjour des Northmans à Sithieu, fut constamment en butte aux sauvages plaisanteries d'une soldatesque trompée dans sa colère et sa cupidité. On lui laissa sa liberté ; mais, sa santé était ruinée sans retour et jusqu'à la fin il traîna une vie languissante.

Il semble d'ailleurs que chez les soldats de Weland il

y eût plus d'amour du butin que de soif du sang et de destruction. L'église du monastère resta intacte : les autres édifices souffrirent médiocrement et il fallut peu de temps à l'abbé Adalard, après l'éloignement des païens, pour réparer les désastres.

Un singulier épisode marqua les derniers instants de leur séjour à Sithieu. Par un entraînement superstitieux dont on trouve plus d'un exemple chez certains peuples polythéistes et jusque dans l'histoire des expéditions scandinaves, ils résolurent avant de partir de laisser au patron de l'abbaye sa part du butin. De l'argent qu'ils avaient enlevé, une portion considérable fut réservée au Dieu des chrétiens, déposée sur l'autel de St-Bertin et confiée à la garde des moines auxquels ils laissaient la vie. Mais, dans le désordre de l'évacuation, il arriva que quelques soldats laissés en arrière pénétrèrent dans l'église et s'emparèrent de l'offrande qui couvrait l'autel. Les chefs northmans avaient déjà dépassé l'enceinte du monastère lorsqu'ils furent avertis du vol. Aussitôt, ils font halte, rappellent leur troupe au son du cor et la rassemblent dans l'intervalle qui séparait les deux églises de l'abbaye. Les coupables sont poursuivis, reconnus, amenés devant les rangs, jugés sur place et pendus sur le champ à la porte du monastère (1).

Longtemps après, on se montrait encore avec un vague effroi l'endroit où s'était accomplie cette justice sommaire des hordes du Nord.

(1) Miracula S. Bertini. l. II, c. 2. — Chartular. Sithiense, pars I. Folquini. lib. II, 107. éd. Guérard Ib. Préface, t. XI. — Ann. Bert. Pertz, t. I, p. 453, 454. — Chr. de Gest. Norm. *Hist. des Gaul.* t. VII, p. 153, — J. Iperii chr. Sith., c. XIX. — Fr. hist. Franc. Duchesne, t. III, p. 334.

Sithieu n'était que la première étape des Northmans de Weland. En s'éloignant, ils livrèrent aux flammes toute la Morinie. Thérouanne disparut dans la tourmente. L'évêque de cette malheureuse cité, Humfrid, s'enfuit désespéré. Errant, dénué de tout, ne sachant où reposer sa tête, il voulait renoncer à la dignité épiscopale. Le pape Nicolas ne le lui permit pas : « Mon fils, lui écrivait-il avec cette gravité patiente qui fit de tout temps la force du Saint-Siège, « mon fils, le pilote ne doit pas « quitter le gouvernail dans le calme, il ne le peut pas « dans la tempête (1). »

Comme Thérouanne, St-Valery, Amiens, St-Quentin, sont la proie des pirates. Charles-le-Chauve commence à trembler. Il achète au prix de 3,000 livres d'argent non seulement la paix, mais le concours de Weland contre les païens établis dans le bassin de la Seine. Un délai avait été convenu pour rassembler cette somme. Or, telle était déjà la misère publique qu'au jour fixé Charles n'était pas prêt et dut solliciter un sursis. En attendant, les Northmans allèrent guerroyer contre les Anglo-Saxons. Mais, au terme fatal, les terribles créanciers revinrent, réclamant la rançon du royaume de Charles, élevant leurs premières prétentions et au lieu de 3,000 livres en exigeant 5,000, qu'il fallut leur compter malgré la détresse générale, en ajoutant à cette somme énorme d'immenses troupeaux et de vastes approvisionnements de blé (2).

Cette exaction pour laquelle il fallut en venir, ce qui ne s'était pas encore vu, à taxer les colons et le mobilier des églises, consomma la ruine de la Gaule.

(1) Ep. Nicolai papæ, *Hist. des Gaul.* t. VII.

(2) Ann. Bert. a. 861. Pertz, t. I, p. 454 et 455. — Chr. de Gest. Norm. *Hist. des Gaul.* t. VII, p. 153. — J. Iperii chr. a. 861, c. XIV.

Au concile de Quierzy, Charles fut obligé de venir avouer, à la face de l'empire, l'*appauvrissement* de ses sujets et de confesser la honteuse origine de la souffrance publique, qu'il attribua lui-même à l'impôt payé *aux Northmans pour le salut du royaume.*

Quand la mort vint, en 877, terminer les stériles agitations dans lesquelles s'était consumée la vie du dernier des petits-fils de Charlemagne, la décadence de l'empire était visible pour tous et le tableau qu'en traçait l'archevêque Hincmar, la plus pure et la plus grande figure de ce temps, restait plutôt en deçà qu'au-delà de la vérité. « Faites cesser, » disait l'éloquent prélat à Louis-le-Bègue avant d'oindre de l'huile sainte le front du jeune roi, « faites cesser les rapines et les dépradations dans le « royaume, portez remède aux maux de ce misérable « peuple qui depuis tant d'années gémit écrasé sous le « poids des exactions de toute sorte et des contributions « levées pour repousser les Northmans. Que la justice et « le jugement, qui sont comme morts parmi nous, revi- « vent sous votre règne, afin que Dieu vous rende le « courage nécessaire pour vaincre les païens. Car, voici « assez longtemps que ce royaume ne sait plus leur op- « poser pour sa défense que des tributs qui ont épuisé « les pauvres gens et ruiné jusqu'aux églises si riches « autrefois (1). »

Mais, comme les cris du peuple, la voix d'Hincmar se perdit sans évoquer l'ombre de Charlemagne. Les dynasties sont pareilles aux individus : quand leur heure est marquée, il faut qu'elles meurent.

(1) Ep. Hincmari Ludovico Balbo, a. 877. *Hist. des Gaul.* t. IX, p. 256.

CHAPITRE III.

Invasion de Gurmund et d'Isembard. — Ravage de la Morinie. — Légende romanesque d'Hornekin, comte de Boulogne.

877 — 881.

Nous voici parvenus à l'époque la plus mémorable de l'histoire des invasions northmandes au nord de la Somme. Pendant trois ans, nous verrons les Scandinaves passer et repasser à travers ces contrées désolées avec un redoublement de furie où le fanatisme religieux mêle ses ardeurs à la rapacité instinctive, à la violence native des rois de la mer. Pas un clocher qui reste debout, pas une ville dont la torche ne dévore les murailles, pas une cabane dont le glaive ne disperse ou n'égorge les habitants tremblants. Un vent de mort souffle sur ces malheureuses provinces. Devant les impitoyables ravageurs, la vie s'arrête, les champs et les bourgs se dépeuplent : suivant l'expression du chroniqueur, *ils ne laissent personne vivre*. Les jours de Genséric sont revenus et un nouveau S. Jérôme pourrait une seconde fois nous montrer d'autres Vandales étouffant sous leurs pieds la civilisation du Midi.

Cependant, c'est à ce moment même qui marque l'apogée de la dévastation que commence à poindre le réveil des âmes dans la chrétienté franke. L'excès des maux secoue la torpeur des enfants des hommes d'armes de Charles Martel. L'histoire et la légende vont enfin avoir autre chose à faire qu'à pleurer sur des ruines. Il se prépare pour elles des tableaux plus dignes du pinceau : Louis III triomphant à Saucourt, Hernekin mourant à Samer, Gurmund et les Barbares écrasés au terme de leur course. Noble et imposant spectacle : c'est la foi guerrière qui renait, c'est la chevalerie qui vient au monde au milieu des flammes.

Jamais, du fond de la Scandinavie, armée plus formidable n'avait fait voile pour la Gaule que celle qui, en 879, prit terre sur les côtes de la Manche. Les annales contemporaines ne donnent pas le nom des chefs qui la commandaient. Mais, à défaut des écrivains du IXe siècle, la tradition populaire a conservé avec tant de constance, a fixé dans toutes les mémoires en traits si énergiques les sombres figures de Gurmund et d'Isembard que ce témoignage des générations a dû être accepté sans hésitation par l'histoire. Aujourd'hui encore, le pâtre montre à Vignacourt, dans les plaines de la Picardie, la tombe du roi Gurmund et dans les champs de Bourfontaine, celle du géant Isembard, le traître, le félon, enseveli sous un tas de fumier, au pied des ruines de son château de La Ferté.

Gurmund, le puissant roi du Nord, que Suhm confond avec le terrible Hasting ou le roi danois Gorm le Vieux et dans lequel nous retrouvons volontiers l'un des conquérants de la Grande-Bretagne, Gorm l'Anglais : Isembard le maudit, le Frank qui trahit son pays, le chrétien qui trahit sa foi, le noble parjure à son roi, type de ces chrétiens infâmes qui, pendant les courses d'Hasting, s'étaient faits les pourvoyeurs de la barbarie, le renard qui guide les tigres, l'apostat sur lequel, d'âge en âge, s'appesantiront les malédictions des peuples, tels sont les deux hommes qu'une tradition vengeresse indique comme les chefs de la terrible invasion que nous allons décrire.

S'il faut en croire la légende, les Northmans débarquèrent sur les plages d'Ambleteuse et de Wimereux. Au mois de juillet, ils entrent dans la Morinie, brûlent pour la seconde fois Thérouanne dont les habitants se sont enfuis avec ce qu'ils avaient de plus précieux, sous la conduite de l'évêque Adalbert, livrent aux flammes, le 28 juillet, le monastère de S. Bertin, sèment la terreur dans la Ménapie et le Brabant, taillent en pièces les Germains du prince Hugues, violent, égorgent, emmènent en captivité les fuyards qu'ils atteignent, repassent la mer pour se soustraire aux forces des rois de France et de Germanie, attaquent l'Angleterre à l'improviste, retournent bientôt en Flandre et se fortifient pour passer l'hiver dans le monastère de Gand.

De ce poste, qui devient le centre de leurs opérations, des partis de pillards rayonnent en tous sens, portant la désolation jusqu'aux bords de la Somme. Aucun des monastères placés entre cette rivière et l'Escaut n'échappe à la tempête. Nuit et jour, l'incendie des églises éclaire la fuite ou le massacre de ce malheureux peuple.

La sanglante victoire de Thun-sur-l'Escaut, remportée par le roi de Germanie, Louis II. donne à peine au pays un instant de répit. Rentrés à Gand sans être poursuivis, les hommes du Nord se reposent à la hâte dans ce formidable camp retranché qui commande le cours de l'Escaut, et, leurs pertes réparées, ils se répandent ensuite dans le bassin de la Meuse et du Wahal.

E si destruisent
France et Loherenne partie
Arras, Cambrai et Corbie
Et tot Braibant et fist moult cout.

De la mer jusqu'au Rhin, la flamme s'étend sans obstacle. Dans ce désastre inouï, les villes et les couvents de la Morinie et des contrées limitrophes s'abîment : Tournay, Ypres, Boulogne, Bourbourg, Esquelbecq, Wormhoudt, Gronemberghe, Watten, Bailleul, Steenwoorde, Furnes, Poperinghe, Hesdin, Auchy-les-Moines, Blangy, dont les religieuses se sont retirées à Mayence, Renty avec son château et ses deux églises, S. Pierre de Vendôme et S. Martin de Fauquemberg, l'abbaye de Samer, celle de Villiers disparue pour toujours, Sangatte qui, pendant deux siècles, ne fut pas rebâti. Les cités sont désertées en masse : les habitants d'Arras s'enfuient à Beauvais, ceux de Bonn à Mayence, ceux de Tournay à Noyon d'où ils ne reviendront que trente ans plus tard.

A la fin de l'automne de 880, les Northmans s'établissent à Courtrai et de là ils font une guerre d'extermination aux populations flamandes. *La flamme dévoranteconsume toute la terre* et la solitude s'étend autour des oppresseurs.

La distance et les glaces de l'hiver sont d'impuissantes barrières contre les Scandinaves. Leurs essaims, dans les derniers jours de décembre, se répandent loin des rives de la Lys. Au même jour, le 23 décembre 880, Lobbes et S. Vaast, éloignés de plus de soixante lieues, sont tous deux la proie des flammes : Cambray et Arras sont envahis à la fois le 25 du même mois.

Vers la Chandeleur (février 881), les Northmans traversent encore une fois les décombres fumants de Thérouanne et ne s'arrêtent qu'au passage de la Somme où une victoire merveilleuse sauve enfin la France et peut-être la chrétienté (juillet 881).

Louis III avait entendu la voix d'en haut qui lui disait : « Mon roi Louis, secours mon peuple qu'ont les North-

« mans si durement opprimé. » — « Oui, Seigneur, « avait-il répondu, ainsi ferai-je, si la mort ne m'arrête, « tout ce que tu m'ordonnes. » Et il avait tenu parole. Quelques jours après, le jeune et noble roi mourait des fatigues de la victoire; mais, les Northmans étaient refoulés dans les marais des Bataves (1).

(1) L'invasion de 879 a eu de nombreux historiens. Les principales sources à consulter sont les Annales de S. Vaast (Pertz, t. I, p. 513 et 519) qui deviennent, à partir de cette époque, le guide le plus sûr comme l'établit l'abbé Lebœuf, dans sa *Notice raisonnée des Annales Védastines* (Mém. de l'Ac. des Inscript. t. XXIV), la chron. de Reginon (Pertz, t. I, p. 590), les Ann. de Fulde (ib. p. 393, 394), celles de S. Bertin (ib. p. 512 et 513), celles de Metz (Hist. des Gaul. t. VIII, p. 61, 308, 245). — Voy. aussi le Chr. Gest. Norm. (ib. p. 94) qui copie mot pour mot le récit de l'incendie de S. Vaast au 28 janvier 880 sur les annales de S. Vaast, en substituant par une singulière distraction le nom de Sithieu à celui d'Arras et S. Omer à S. Vaast; Breve chr. Tornac. S. Martini (ib. p. 285); Folquini lib. II. (Chartular. Sithiense, p. 226), qui place l'incendie de Sithieu la première année, *anno primo*, de l'abbé Foulques; Adam. Brem. l. I, c. 34; Asser. Menœv. V. Ælfredi, éd. Wise, p. 35; Chr. Saxon. éd. Gibson, p. 86; Balderic. chr. Camerac. c. 59; Mir. S. Bavon. (Acta SS. O. S. Ben. sæc. II, p. 409); le Chant teutonique sur la défaite des Normands en Vimeux, éd. par Depping, Hist. des Expéd. des Norm. 1844, p. 505; Lambert d'Ardres (Hist. des Gaul. t. XIII, p. 439); Meyeri. Ann. Fland. f° 14; Philippe de Mouskes (Chr. belg. inéd. t. II, p. 38); Malbrancq, *de Morinis*, t. II, l. VI, c. 37; le Gallia christiana, t. III *passim*; Buzelini Annal. Gallo-Flandriæ, t. II, l. IV, p. 155 et 156; D. Wyard, Hist ms. de l'abb. de Samer, c. 6; Henry, Ess. sur l'arr. de Boulogne, p. 89; Marin Bailleul, Antiq. l. IV, c. 1; Dubuisson, Hist. ms. de Boulogne, ch. VI, a. 882.

Sur Gurmund et Isembard, voy. Chron. Centul (Hist. des Gaul. t. VIII, p. 279); Alberici Triumfontium chr. (ib. t. IX, p. 58, a. 881); Suhm (Script. rer. danic. t. VIII, p. 128 et not. sur les *Chr. Anscheriana* de Langebeck, ib. t. V, p. 122); Louandre, hist. d'Abbeville, 1844, t. Ier, p. 96. Suhm a cru que le Gurmund de 879 était le fameux Hasting, auquel, suivant la chronique de Fleury, ses compatriotes donnaient aussi le nom de Gurmund. D'autres le confondent avec Gorm le Vieux. Mais, comme d'après la tradition, le Gurmund de 879 perdit la vie à Saucourt et qu'Hasting aussi bien

La légende et la poésie populaire, le danger passé, s'emparèrent à l'envi de cette émouvante épopée. Tandis qu'au nord de l'Escaut, la muse tudesque célébrait dans la langue d'Outre-Rhin la journée de Saucourt, d'autres chants de deuil et de triomphe à la fois, composés dans l'idiòme vulgaire des provinces françaises racontaient les maux du peuple fidèle et la confusion des ennemis du Christ. Trois siècles après la mort de Gurmund, d'Isembard et de Louis III, vivait encore, glorieux et populaire, le souvenir des longs désastres et des succès éphémères de la France carlovingienne.

Sur les bords de la Somme et de l'Aa, la mémoire de ces événements s'était transmise de génération en génération. L'invasion de 880, dit Hariulf, qui écrivait au XIIIe siècle, « n'a pas été seulement racontée par les « historiens. Recueillie par la mémoire de nos pères, « chaque jour nous la répétons dans leur chanson. Que « celui qui voudra la connaître, l'apprenne, non de notre « récit mais de la tradition des anciens. »

La chanson qu'Hariulf avait entendue au berceau a disparu avec tant d'autres légendes longtemps célèbres et désormais oubliées pour toujours. Mais, il ne serait peut-être pas impossible d'en retrouver les fragments épars et transformés par le génie des trouvères dans la chanson des Saisnes, le poème du XIIe siècle sur la mort de Gurmund, publié par M. de Reiffenberg, la légende boulonnaise de la défaite et de la mort du comte Hernekin, anneaux d'or dont se forme la chaîne qui relie aux chro-

que Gorm le Vieux reparaissent encore dans l'histoire vingt ans plus tard, il nous semble qu'il ne peut être que Gorm l'Anglais *(Gorm hin Enske)*, mentionné dans la *Series runica prima* (Scr. rer. dan. t. VIII, p. 29).

niques du IXe siècle les traditions populaires sur Isembard et Gurmund.

La poétique légende d'Hernekin surtout doit trouver sa place dans le récit des expéditions des Northmans en Morinie et l'on nous pardonnera de la reproduire ici dans toute son étendue. Intéressante pour l'étude de l'histoire positive qu'elle complète, elle est plus remarquable encore par le ton qui y domine et le sentiment chevaleresque dont elle reflète l'apparition au milieu des sombres préoccupations de la décadence carlovingienne.

En plaçant à côté de l'histoire authentique ces fictions, où la réalité se mêle à la fable, nous n'avons pas sans doute la pensée de commander pour elles la croyance due seulement aux véritables historiens. Mais, si l'antiquité charmée de l'exactitude des descriptions topographique de l'Iliade, de la vérité morale qui anime les tableaux du poète, n'a pas hésité à placer sa statue parmi celles des pères de l'histoire, pourquoi se montrer plus sévère pour les chants de nos premiers rapsodes?

Au début de la légende du comte Hernekin, le trouvère, dont la prose latine d'un naïf généalogiste nous a conservé la chanson mutilée, nous montre les Northmans ou les Sarrasins, comme il les appelle, débarquant sur les côtes de la Manche avec soixante mille hommes. Le comte de Boulogne, Hernekin, frère de Bauduin de Fer, comte de Flandre, et gendre du comte Helgot, n'a que trente mille lances pour garder le rivage. Réuni à Helfrid, comte d'Hesdin, il veille à l'embouchure de la Canche et de l'Authie et ses soldats couronnent les mamelons et les défilés qui hérissent, sur une ligne de seize lieues de long, les abords de la Fosse boulonnaise. A la nouvelle que l'ennemi a pris terre au nord de la Liane, Hernekin repasse la Canche à la hâte et attaque les Sarrasins sur les bords du Wimereux. Mais, écrasé par des forces supérieures, il fuit, et dans sa retraite, laisse à découvert Boulogne où la comtesse Berthe s'était renfermée avec ses deux enfants.

Les Sarrasins marchent immédiatement sur la ville, la bloquent par terre et par mer, battent ses remparts en brèche, livrent l'assaut et, au milieu des horreurs de la nuit, entrent vainqueurs dans la place. Les habitants éperdus s'entassent dans le château romain, résistent faiblement et succombent.

Alors, se déroulent des scènes d'horreur que la plume se refuse à décrire. Sans pitié pour l'âge ni pour le sexe, tout est passé au fil de l'épée. Les païens arrachent les enfants des bras de leurs mères, les coupent par morceaux, passent le fer de leurs lances à travers les corps palpitants de ces innocentes victimes et les faisant rôtir comme des agneaux sur des brasiers ardents, ils convient les pères de ces infortunées créatures à ce festin de cannibales.

Par bonheur, la comtesse Berthe s'est échappée à la faveur des ténèbres avec ses deux fils, Renier et Bauduin, par la poterne qui conduit à Montreuil. Elle suivait en pleurant le rivage de la mer, lorsqu'auprès d'Etaples, elle voit s'avancer, escorté d'une troupe nombreuse, un chevalier bardé de fer et la visière baissée. A la couleur de son palefroi, Berthe a reconnu le noble comte. Elle court et se jette dans ses bras. En entendant le récit lamentable de la ruine de Boulogne, le comte Hernekin verse des larmes, et, tourmenté de sombres pressentiments, malgré les prières de la comtesse qui voulait s'attacher à ses pas, il la conduit à l'abbaye de Samer et revient livrer à Gurmund et Isembard une bataille qui devait décider du sort du pays.

Au premier choc, les Chrétiens furent mis en déroute. Le comte de Ponthieu resta parmi les morts. Herluin, beau-frère d'Helgot, s'enfuit. La fleur de la noblesse picarde fut moissonnée. Hernekin, frappé d'un coup de lance dès le commencement de l'action, sans armée, sans ressources, suivi d'un seul écuyer, s'élance sur la route de Samer pressant de l'éperon son cheval tout sanglant. Au bac d'Attin, le brave coursier, épuisé et mourant, s'arrête. Hernekin se dépouille alors de son armure, abandonne le noble animal et traverse la rivière à la nage. Après avoir atteint l'autre bord, il s'arrêta, dit-on, et se prit à contempler ce champ de carnage couvert des cadavres de ses amis et de ses hommes. Un cri de désespoir sortit de ses entrailles. « *Or, me mire en deuil !* » dit-il, et s'enfonçant dans les bois de Longvilliers, le malheureux comte ne tourna plus ses regards en arrière jusqu'à ce qu'il eût franchi les portes de l'abbaye où sa femme l'attendait.

La plainte amère que la douleur arrachait au gentil comte avait été entendue. Le nom de *Mirendeuil* est resté pour toujours attaché à cette plaine fatale.

Cependant, les païens poursuivaient de près le comte fugitif. Il arriva avant eux à Samer et se traîna jusqu'à l'église du monastère. Berthe était à genoux au pied de l'autel de S. Pierre, priant pour son mari. Le comte entre, pâle, mourant, perdant tout son sang ; il s'agenouille près de la comtesse de Boulogne, veut prier, ouvre la bouche et meurt. Glacée d'effroi, Berthe pousse un cri, se jette sur les restes glacés de son mari, l'embrasse et tombe à côté, froide, inanimée sur les marches de l'autel.

Un instant après, le fidèle écuyer d'Hernekin expirait en embrassant le corps de son maître et les moines, avant de fuir, réunissaient dans la tombe ces trois cadavres qu'ils avaient trouvés unis dans la mort (1).

(1) La légende romanesque d'Hernekin est tirée de la généalogie fabuleuse des comtes de Boulogne, reproduite par D. Wyard, dans sa *Chronologia hist. vetustiss. cænob. B. Mariæ Samerac.*, c. VI (Bib. imp. m^{ss} de D. Grenier), M. Mone (*Anzeiger*. 1825, p. 347) et M. de Reiffenberg (Collect. des chron. belg. inéd. Disc. prélim. 2e partie). Elle a été commentée par Malbrancq (*De Morinis*; t. II, lib. VI, p. 340 s.)

C'est là que se trouve ce curieux passage sur les massacres de Boulogne : *Et quando Sarraceni ceperunt Boloniam pueros occiderunt et illos occisos igni comburebant in hastis suis, in despectu Christianorum.*

Voy. aussi le Chron. Centul. (Hist. des Gaul., t. VIII) et Albéric de Troisfontaines (*ut supra*).

CHAPITRE IV.

Etat de désolation de l'Empire Carlovingien. — Naissance de l'organisation féodale, — Villes et châteaux fortifiés. — Défense héroïque de S. Omer.

881 — 891.

L'année 881 marque un temps d'arrêt dans l'histoire des invasions northmandes. Elle clôt la période de découragement et d'impuissance de la chrétienté franke et ouvre une ère nouvelle dont la victoire de Saucourt est l'aube glorieuse.

Près d'un siècle de souffrances chaque jour plus intenses a réduit au désespoir les provinces maritimes. De l'embouchure de l'Escaut à celle de la Gironde, les campagnes sont changées en déserts ; les arbres des forêts couvrent les murs en ruine des églises et des abbayes. A la suite des désastres de la guerre sont venues la famine et la peste ; derrière les bandes du Nord marchent les loups affamés. Les champs sans culture refusent la nourriture aux malheureux qui ont échappé au glaive des païens et, à travers ces plaines désolées, on ne rencontre de loin en loin que familles chassées de leurs foyers, errant sans patrie, sans asile, et disputant aux bêtes féroces une vie de misère et d'abjection.

Au milieu de cette désorganisation générale, les liens sociaux se brisent. Les écoles des monastères se ferment; le flambeau des lettres s'éteint ; le crime, la débauche, règnent en maîtres ; les notions de religion et de droit s'effacent. La société semble retourner à l'abîme.

Mais, prête à y tomber, elle s'arrête et retrempée dans la douleur, se transforme pour lutter et vaincre.

A la place des leudes mérovingiens, des comtes de Charlemagne, de cette vieille aristocratie franke décimée par les guerres civiles, dépouillée par les Barbares, dispersée et déjà presque anéantie, s'est insensiblement formée une autre noblesse, sortie du sol pour le délivrer, rallier les populations fugitives, les rattacher à la terre, les protéger et reconstituer l'ordre social. Dès les premières années des invasions, on avait reconnu que les murailles des forteresses pouvaient seules arrêter le terrible ennemi auquel on avait affaire. En peu de temps, malgré la vaine opposition des rois franks et des conciles, elles surgirent de toutes parts. La force des choses accélère l'organisation de cette vigoureuse hiérarchie qui doit régénérer l'Occident. En 877, le capitulaire de Quierzy consacre l'hérédité des bénéfices. Dès 840, la *marche* de Flandre avait été confiée à Bauduin de Fer, *le comte très-fort, le glorieux marquis*. Les comtes de Hainaut, de Boulogne, de Ponthieu, se groupent autour du puissant comte de Flandre.

Chacun se hâte de hérisser de fer, de peupler de donjons et de châteaux-forts le fief qu'il vient d'arracher à l'impuissance des Carlovingiens. Bauduin, vers 860, jette les fondements de plusieurs *castra* dans tous les *pagi* soumis à sa domination. En 850, le comte de Ponthieu élève sur une haute montagne couverte de broussailles, au milieu des bois, le château de Montreuil destiné à garder le passage de la Canche et aussitôt cette forteresse, qui commande la voie romaine de Boulogne à Amiens, devient le lieu de refuge où des extrémités de la Picardie, du fond de la Bretagne, de Rue, de S. Pol, de Quimper, de S. Malo, les moines apportent les reliques de leurs patrons (870).

Dans la Morinie, toute la noblesse qui n'est attachée aux comtes franks que par le lien militaire, émigre en masse dès le milieu du IXe siècle. Il ne reste dans la contrée que ceux qui y possèdent des bénéfices héréditaires, des châteaux ou des forteresses. Ces nobles indépendants, à leur tour, s'environnent de vassaux, de vavasseurs, et les chroniques de S. Bertin, en nous enseignant comment les abbés pourvoyaient à la garde de l'abbaye, nous font, pour ainsi dire, assister à l'origine de la classe des chevaliers bannerets, la base de l'institution féodale. Dès que Foulques (878) et Bauduin-le-Chauve (918) songent à fortifier le bourg né à l'ombre des tours du monastère, leur premier soin est de faire mesurer l'enceinte du château, de la partager en fiefs et de répartir ceux-ci entre leurs fidèles (1).

(1) Aucun texte peut-être n'est plus explicite sur les commencements de l'organisation féodale que les Miracles de S. Bertin et le chartulaire de Folquin. Ces passages méritent d'être cités intégralement.

860. — Non multo post temporis intervallo, omnes istius patriæ nationes, hinc surgentis gravissimæ famis angustia consternati, illinc subitam Nortmannicæ incursionis rabiem suspecti, omnis penè nobilitas istius terræ, præter paucos quos opum ac feudorum copia et castellorum vel munitionum fiducia detinuerat, post dominos suos vel quocumque tutius eis videbatur, discedebant. (Mir. S. Bertini, abb. Sith. l. I, c. XI).

891. — Penè nobilitas istius terræ ex multo jam tempore ob amorem vel dominatum sibi dominorum carorum abscesserat, nativitatis patria relicta, præter paucos qui ita hereditariis præditi erant patrimoniis ut non esset eis necesse subdi nisi sanctionibus publicis. (Ib.)

878. — Sub cujus (Folconis abb.) tempore, ambitus castelli circa mon. S. Bertini est *dimensus et per ministeria distributus*. (Chartul. Sith. pars 1[a]. Folquini l. I, p. 126).

918. — Balduinus, comes et abbas monasterii Sithiu, ambitum

Ainsi, sur les côtes de la Manche en même temps que dans le reste de l'empire, s'élève et grandit cette institution dont les premiers actes justifient si dignement la définition du Grand Coutumier.

Les nobles ont esté esleuz et ordonnez pour tenir et garder le pays en pais et pour deffendre les subgetz et la chose publicque.

Tandis que se fonde et se consolide cet ordre de choses nouveau, l'empire de Charlemagne se disloque et les royaumes rivaux dont il est composé, se séparant brusquement, se donnent autant de maîtres qu'ils comptent de peuples à défendre. Arnulf, Eudes, Berenger, Guy de Spolète, Rodolphe, règnent sur l'Allemagne, sur les Franks occidentaux, l'Italie, la Bourgogne et tous ces rois issus de la nécessité légitiment par les services rendus le crime glorieux de leur usurpation. En Italie, Berenger repousse les Hongrois : Rodolphe délivre l'Aquitaine des Northmans ; Eudes, le défenseur de Paris, les taille en pièces à Montfaucon ; Arnulf les extermine à Louvain et les chasse pour toujours de l'Allemagne.

L'instinct guerrier de la vieille Gaule renaît : du nord au midi, le pays est un camp. Paris soutient un siège immortel. Sens doit son salut à l'intrépidité de ses habitants. Les Flamands repoussent une flotte danoise. Les serfs des Ardennes se font tuer jusqu'au dernier en essayant de venger leurs églises détruites et leurs femmes outragées.

castelli circa monasterium S. Bertini construxit et per ministeria disposuit. (Ib. p. 139).

Sur l'état de l'Europe à la suite des invasions northmandes, voy. Hist. fundat. ecc. Vabrensis (D. Vaissette, Hist. du Languedoc, t. I, pr. p. 107). — Concil. Mogunt., Trosleg. (Concil. Gall. t. III, p. 535). — Abbon. Paris. Obsid., l. I. v. 176 s.

C'est à cette époque trop peu connue de rénovation que se place une scène d'héroïsme, qui forme une des plus belles pages des annales de S. Omer.

Parmi les bandes qui, vaincues à Montfaucon par le roi Eudes, en Bretagne par les ducs Alain et Judicaël, roulaient de la Loire à l'Escaut à travers la France, une des plus redoutables dans son désastre même était celle du fameux Hasting.

Battue partout, dépouillée, en dernier lieu, de tout son butin à la journée de la Galtera par Eudes et ses Franks, cette troupe n'avait échappé à la destruction qu'en se dispersant et se sauvant dans les bois. A grand' peine était-elle parvenue à regagner le camp retranché où un des corps de la grande armée scandinave avait été laissé depuis un an pour former le blocus de Noyon.

Cette ville de bois, comme naguères Gand et Louvain, devint aussitôt le quartier général d'où le chef danois lançait dans toutes les directions ses bandes dévastatrices.

L'une d'elles, commandée, dit-on, par Hasting en personne, s'avança ainsi jusqu'aux portes d'Arras.

Or, il arrivait souvent, dans cette armée de pillards, que de jeunes guerriers prenaient tout à coup, à la façon des héros des Sagas, la résolution de partir à l'insu du chef et d'aller, suivant le langage des scaldes, à la recherche de la gloire et du butin.

Avide de se signaler par quelqu'un de ces faits d'armes dont les poëtes et les vierges du Nord chantaient la hardiesse, un troupe d'élite, forte de 550 hommes, franchit, par une nuit obscure, les lignes du camp d'Hasting, traverse au pas de course le pagus de Thérouanne, et le second dimanche après Pâques, à l'heure de la grand' messe, paraît tout à coup en vue de Sithieu (16 avril 891).

Depuis l'incendie de 881, quelques fortifications avaient été élevées autour de la ville de S. Omer pour la relier au monastère. Des murs de bois et de terre enveloppaient le bourg : un fossé profond baignait leur pied et les marais formaient au-delà comme une seconde enceinte. Mais, malgré les efforts de l'abbé, ce commencement de remparts était demeuré inachevé. On trouvait l'enceinte trop étendue et, quoique l'assemblée du peuple et des nobles réunis pour en délibérer et préludant par leur accord à l'exercice de ces franchises communales si chères aux villes du Nord, eût consenti à entourer le château de murs, l'apathie de la masse avait empêché la réalisation de ce projet.

S. Omer était donc presque sans défense, lorsque les sentinelles postées sur les remparts voisins de la cathédrale, aperçurent les païens qui descendaient des hauteurs d'Helfaut. Elles courent à l'église où la foule était réunie pour entendre la messe et jettent l'alarme. La consternation se répand d'abord dans l'assemblée. Mais bientôt, reprenant courage, ces braves gens, comme les premiers chrétiens marchant au martyre, se confessent les uns aux autres, communient sous les deux espèces du corps et du sang et, unissant leurs mains, tous jurent de combattre jusqu'à la mort pour leur foi, leur liberté et le salut de leur ville. Puis, exaltés par l'enthousiasme religieux et la fièvre des batailles, ils courent dans leurs maisons prendre les armes éprouvées que, suivant la coutume du pays, les habitants de la contrée tenaient toujours prêtes, volent aux remparts, y rangent les machines de siège, et, las d'attendre l'ennemi, franchissent les portes et marchent à sa rencontre.

Les païens avaient compté sur une surprise. Trompés dans leur espoir, ils s'étaient contentés d'enlever les troupeaux qui paissaient sur les rives de l'Aa et se disposaient, avec une dédaigneuse lenteur, à ramener leur proie au camp d'Hasting, lorsqu'ils voient les chrétiens s'élancer vers eux au pas de charge. Ils se retournent et jettent les yeux sur le plateau d'Helfaut qu'ils viennent d'abandonner. Déjà, les hauteurs sont garnies de cavaliers audomarois qui leur coupent la retraite. Cernés par cette habile manœuvre, les Scandinaves rompent leurs rangs et, suivant leur tactique habituelle lorsqu'ils se trouvent en face de forces supérieures, ils se jettent dans un bouquet de chênes qui occupait probablement l'emplacement actuel du Bois-Richard, dans la pensée de s'y défendre jusqu'à la nuit et de s'échapper à la faveur des ténèbres. Mais, sans leur laisser le temps de se reconnaître, les chrétiens les poursuivent avec acharnement, les forcent dans leur retraite, les débusquent, les acculent contre la rivière au lieu nommé alors Windingehem, aujourd'hui Weins, et en font un horrible carnage.

L'action avait duré depuis midi jusqu'à la chûte du jour. La perte des Northmans fut énorme. Selon Folquin, on leur tua trois cent vingt hommes. Suivant le récit évidemment exagéré d'un témoin oculaire auquel nous devons l'histoire des miracles de S. Bertin, il n'échappa au massacre que neuf païens tout couverts de blessures. Le lendemain, le vainqueur ramassa encore cinq cadavres le long des chemins.

Les chrétiens, de leur côté, n'avaient perdu que neuf des leurs. Ils rentrèrent dans la ville au son des cloches de l'église, au bruit des applaudissements de la foule. On suspendit aux voûtes de la cathédrale les drapeaux enlevés, et, comme dans les temps antiques, on fit trois parts des dépouilles : un tiers pour l'église, un tiers pour les combattants, qui se les partagèrent également sans distinction entre les nobles et les vilains, un tiers enfin pour les pauvres et pour les infirmes qui étaient restés en prières pendant que leurs frères se battaient.

Tout pourtant n'était pas fini. La prudence commandait de s'attendre à voir bientôt l'ennemi revenir en force pour venger son échec. Le gardien du monastère, Herric, eut une vision durant son sommeil. Le bienheureux patron de la ville lui apparut et lui ordonna de se lever, de veiller de corps et d'esprit et d'avertir le peuple qu'il n'avait pas un moment à perdre, que les Northmans arrivaient et qu'il fallait nuit et jour travailler aux remparts. Herric se réveille tout tremblant, convoque le peuple et lui raconte ce qu'il a vu et entendu. Les Audomarois fondent en larmes, rendent grâce à Dieu et se mettent avec ardeur au travail.

Il était temps. Les nouvelles apportées par les rares soldats échappés à la boucherie de Windingehem avaient allumé la fureur de leurs compagnons d'armes. Le dimanche suivant (2 mai), aux premières lueurs du jour, apparut de nouveau sur les pentes abruptes du mont d'Helfaut un troupe nombreuse de fantassins qui ne s'arrêta que devant la porte de l'enceinte extérieure du château. Pendant cette manœuvre, une bande aussi considérable de cavaliers se dirigeait vers la ville en passant par le champ de bataille où gisaient abandonnés à la dent des loups et aux serres des vautours, infectant l'air d'une odeur cadavéreuse, les corps de leurs frères tombés sous les coups des chrétiens. A cet affreux spectacle, les cavaliers mettent pied à terre, s'arrachent les cheveux, poussent de lugubres hurlements et promettent à leurs morts des funérailles dignes d'eux. Après une courte délibération au milieu de cette plaine fatale, ils remontent à cheval, regagnent l'infanterie et tous ensemble jurent de ne se retirer qu'après avoir rasé la ville jusqu'aux fondements et brûlé vifs les habitants dans leurs remparts de bois. Une partie reste avec les fantassins et commence l'attaque du côté de la cathédrale. Les autres s'établissent dans le monastère de S. Bertin et confiant leurs chevaux aux esclaves qui les conduisent dans les pâturages voisins, ils construisent, dans les jardins de l'abbaye, des barraques de planches et de paille, comme ils avaient coutume de faire dans tous les lieux qu'ils étaient décidés à occuper longuement, et plantent sur le sommet d'un petit monticule qui dominait l'entrée de la porte du monastère leur grand étendard.

Durant toute la journée, une pluie de flèches, d'engins enflammés, une grêle de barres de fer rouges et de projectiles de toute sorte, tombèrent sans interruption sur les assiégés. A la fin, les Northmans, comblant les fossés avec des fascines, des branches sèches, des ceps de vigne, mirent le feu à cet amas de matières combustibles afin de consumer les remparts avec leurs défenseurs. Mais, Dieu combattait avec les siens. Le vent, changeant tout à coup de direction, renvoya la flamme du côté des païens et la ville échappa au danger.

Alors, le combat recommence sans trêve, sans pitié! Les religieux de S. Bertin se mêlent aux guerriers et prennent leur part de la journée. L'un d'eux est blessé. La résistance devient si vigoureuse que les assaillants se découragent et reculent. Un de leurs chefs, remarquable par sa taille gigantesque, les ramène au combat. Il meurt, frappé au front d'une flèche lancée par un jeune moine : dix autres illustres champions tombent à ses côtés. La terreur est passée dans les rangs des assiégeants. L'attaque cesse. Les Northmans députent quelques-uns des leurs aux chefs assemblés dans l'église S. Pierre pour demander du renfort et suspendent le combat jusqu'à leur retour.

Après avoir rempli leur mission, les envoyés du corps assiégeant se retirèrent sous le porche de l'église en attendant la réponse des chefs. La délibération commença. Mais, l'insuccès imprévu de l'attaque avait jeté la confusion dans les esprits. La discussion fut longue et orageuse. Impatients de tant de lenteurs, redoutant l'approche de la nuit qui pouvait fournir aux assiégés l'occasion de s'enfuir et de soustraire leurs richesses à l'avidité du vainqueur, les envoyés forcent les portes du conseil et somment les chefs d'en finir. Les cris, les menaces retentissent. Quelques furieux s'élancent sur l'autel de S. Bertin, arrachent la croix placée par derrière et la mettent en morceaux. Au milieu du désordre, les capitaines se lèvent de leurs sièges et prennent leurs dieux à témoin que si la ville est prise avant la fin du jour, du soir jusqu'au matin, il ne sera pas fait grâce à un seul chrétien.

Déjà ils étendent le bras pour prendre leurs drapeaux rangés contre les murs de l'église. Mais, à ce moment, une suite de prodiges viennent glacer leurs courages. Un des sacrilèges qui tout à l'heure avait le premier porté la main sur le crucifix, tombe en proie à d'horribles convulsions. Une sorte de délire s'empare de ses compagnons. Leur vue se trouble. Il semble que leurs enseignes aient changé de couleur. L'étendard blanc planté sur la colline extérieure leur paraît devenu noir. Epouvantés, ils s'élancent hors des deux églises profanées. Mais, la vengeance céleste n'a pas cessé de s'appesantir sur les impies. Une partie seulement trouve l'issue de ce lieu fatal. Les autres, subitement frappés de cécité, tendent au hasard leurs mains tremblantes, cherchant vainement la porte que leurs yeux ne voient plus. Leurs camarades sont obligés d'envoyer un jeune captif pour les conduire et guider hors des églises du monastère, leurs pas chancelants (1).

Ces cœurs de fer sont brisés. La trompette sonne la retraite. Le siège est levé. Tout fuit, sans guides, sans dessein arrêté, aux sons de plus en plus précipités du cor dont les accents stridents accélèrent la déroute. La nuit vient enfin et cette armée dispersée par une terreur divine ne commence à se rallier qu'à plus de six milles de ces murs de boue qu'elle avait juré de renverser avant le coucher du soleil.

Ainsi fut opérée la délivrance de S. Omer. Laissons à d'autres le soin puéril de discuter l'authenticité des miracles auxquels les vaillants défenseurs de la ville de S. Bertin attribuèrent leur salut. Dans tous les temps, la reconnaissance des peuples a aimé à associer le ciel à leurs triomphes. La panique des Northmans sous les murs

(1) Folquin. lib. I, a. 891, p. 126. — Mir. S. Bertini abb. Sith.— J. Iperii chr. S^ti^-Bert. c. 19, p. 3. —Langebeck. *Chronol. Anscher.* et Suhm, Script. rer. Dan., t. V, p. 183.

La bibliothèque de S. Omer possède sous le n° 764 un manuscrit d'une haute antiquité qui contient le récit de l'arrivée des Danois à Sithieu, extrait des miracles de S. Bertin. M. Piers (Variétés hist. sur la v. de S. Omer, p. 19) avait cru qu'une vignette renfermée dans ce volume représentait des cavaliers Northmans. L'inspection de l'ouvrage suffit pour montrer que cette miniature appartient à la généalogie d'Ansbert et de S. Arnulf réunie par hasard dans le même volume et qu'elle représente des Franks du IXe siècle.

de S. Omer vaut le trouble qu'éprouvèrent les Gaulois devant le temple de Delphes. Le plus grand des miracles, d'ailleurs, n'est-il pas cette résolution virile, puisée dans le patriotisme et la foi religieuse, qui donne à une poignée d'hommes la force de repousser, à deux reprises successives, un ennemi devant lequel tremble l'Europe entière?

Quelle que fût du reste la puissance, divine ou humaine, qui venait d'arracher S. Omer à la colère des Scandinaves, ils ne firent plus aucun effort pour venger le double affront imprimé à leurs armes.

Hasting reparut, en 892, dans les provinces maritimes. Mais, battu, fugitif, ayant laissé dans les plaines de Louvain 60,000 des siens et trop pressé de quitter le sol de la France pour songer à renouveler contre Sithieu les tentatives infructueuses de l'année précédente, le roi de mer se dirigeait vers les ruines de Boulogne, restée déserte depuis le désastre d'Hernekin et où ses Northmans construisirent une flotte de 350 navires, avec laquelle ils franchirent le détroit et passèrent en Angleterre (1).

(1) Asser. Annales, T. Gale, p. 172. — Ethelw. l. IV, c. 13.

CHAPITRE V.

Fin des invasions scandinaves en Morinie. — Les villes restaurées et fortifiées. — Monnaies de Quentovic attribuées à des pirates northmans. — Bataille de Fauquemberg. — Sifrid-le-Danois.

892 — 943.

Les vaisseaux qui emportaient Hasting loin des rivages de la Morinie ne devaient plus y ramener les Barbares.

Vingt-cinq ans avant le traité de S. Clair-sur-Epte, tandis que Hunedée, Roll, Ragenold, promènent l'incendie des ports de la Frise aux montagnes de l'Auvergne, la Morinie, tranquille et oubliée, jouit par avance de cette paix que la France doit encore payer de tant de larmes et répare les ruines laissées par cinq invasions.

Quelques villes, il est vrai, des églises, des monastères abandonnés sont ensevelis sous les décombres d'où ils ne se relèveront pas.

Wissant ne sera rebâti qu'en 943.

Thérouanne, entièrement bouleversée, reste dépeuplée jusqu'au temps de Bauduin IV. L'évêque des Morins s'est réfugié auprès de Foulques, archevêque de Rheims, et en revenant dans son diocèse en 909, Etienne est forcé de transporter à Boulogne son siége épiscopal qui y demeurera plus d'un siècle.

Quentovic, qui va bientôt échanger son nom contre celui d'Étaples, Quentovic, si célèbre sous la première race, est retombé dans une éternelle obscurité à la fin du IXe siècle. Quoique l'histoire ne fasse mention que d'une seule apparition des Northmans dans cette ville, en 853, encore, atteste-t–elle que les principaux édifices furent épargnés par les pirates. Comment donc expliquer la décadence subite du célèbre *emporium* carlovingien? Un numismatiste distingué, sir Edw. Hawkins, a prétendu que Quentovic était resté pendant un certain temps au pouvoir des hommes du Nord qui y auraient fondé une espèce de colonie et exercé une véritable souveraineté. Cette assertion, qui avait été déjà émise par quelques compilateurs, mais qui ne s'appuie sur aucun texte contemporain, l'érudit anglais a cru en trouver la confirmation dans la découverte des deniers de Quentovic, trouvés à Cuerdale, dans le Lancashire, en 1840. Ces monnaies, d'un travail grossier, portant la croix d'un côté et de l'autre la figure d'un temple, sont bien évidemment du IXe siècle, mais la légende en est presque indéchiffrable. Sir Hawkins y lit les mots DENAT REX ou plutôt EDENAT REX et de cet Edenat, ignoré de l'histoire, il fait un conquérant du Nord, un roi de mer, qui se serait donné en passant à Quentovic le plaisir d'y faire frapper des monnaies à son nom et au type carlovingien. Des hommes d'un mérite incontestable ont accueilli cette singulière hypothèse à laquelle il faut bien faire les honneurs de la discussion puisqu'elle leur doit d'avoir acquis une certaine autorité.

S'il est une idée bizarre, certes, c'est celle qui tend à nous représenter ces rudes païens, ces chefs de pillards, dans le pays natal desquels la fabrication de la monnaie était encore chose inconnue, s'amusant, au sein d'un pays ennemi, pendant les horreurs d'une guerre d'extermination, au milieu d'une vie d'agitations et de périls perpétuels, à faire frapper dans un coin des Gaules des monnaies que leur nom réprouvé devait faire rejeter de tous les marchés, empruntant sur ces pièces d'argent la langue des vaincus qu'ils méprisent plus encore qu'ils ne les haïssent et les revêtant des signes exécrés de la foi chrétienne, le temple et la croix?

Qu'est-ce donc que cet Edenat dont les monnaies de Quentovic nous auraient conservé le souvenir? D'où vient-il? Qu'a-t-il fait? Rien. Son nom est inconnu. L'histoire des invasions ne le prononce pas. Il y a plus : la forme même de ce nom dépose contre son origine prétendue. Il n'appartient à aucune langue du Nord. N'en est-ce pas assez pour rejeter l'existence du personnage fantastique auquel on l'attribue?

Insiste-t-on? Qu'au moins on reconnaisse que ce soin de battre monnaie, si étrange de la part de guerriers toujours en campagne et de guerriers tels que nous les dépeignent les chroniques du IXe et du Xe siècles, suppose quelques loisirs, un établissement fixe, une occupation permanente. A quelle époque les placer? Il y eut, de 847 à 925, cinq invasions des pirates à Quentovic ou dans les contrées voisines. En est-il une seule à laquelle puisse se rapporter l'hypothèse de sir Hawkins? Examinons. Après le pillage de 852, tous les annalistes reconnaissent que les Northmans s'embarquèrent immédiatement. Les invasions de 847, de 850 et de 860 dans la Morinie furent trop passagères pour avoir été l'occasion d'une prise de possession durable. Loin de là, la contrée était si tranquille dans l'intervalle des deux dernières expéditions qu'en 858, les moines de Fontenelle ne crurent pas pouvoir trouver pour les reliques de S. Wandrille un asile plus sûr que le voisinage de Quentovic. On n'imaginera pas que c'est là qu'ils se fussent arrêtés, si cette ville avait été occupée par un poste scandinave. Nous arrivons ainsi à l'année 881. Quentovic dut alors partager le sort de toutes les villes du littoral. Mais, si les Northmans, à la suite de la formidable expédition de Gurmund, avaient établi quelque part une station maritime, s'ils avaient occupé Quentovic, c'est là, et non à Boulogne, qu'ils seraient venus, en 892, construire leur flotte et s'embarquer pour l'Angleterre. Si Hasting choisit dans ce but la ville de Boulogne, c'est que Quentovic ne lui offrait aucunes ressources. La paix d'ailleurs dont jouit la province depuis 881 jusqu'au siége de S. Omer prouve de reste que la Morinie n'avait pas à subir le contact d'une colonie barbare. Enfin, après 892, il serait superflu de poursuivre cette démonstration. Le passage de Ragenold à travers les contrées maritimes en 926, qui marque la dernière des apparitions des Northmans dans cette partie de la France, ne fut qu'une course sans repos, terminée par une sanglante défaite.

Nous n'ajouterons pas qu'il existe des monnaies de Charles-le-Chauve, de Louis II ou de Louis III, de Charles-le-Gros ou de Charles-le-Simple, frappées à Quentovic, en sorte qu'entre tous ces souverains possesseurs incontestés de cette ville, on ne sait vraiment où trouver place pour ce roi du Nord et sa domination romanesque (1).

Il faut donc chercher ailleurs la cause de la décadence de Quentovic. Pressé entre deux villes, Boulogne et Montreuil qui lui enlèvent, l'une le mouvement commercial, l'autre l'importance militaire, envahi peut-être par les sables comme la ville qui lui a succédé, Quentovic

(1) Sir Edw. Hawkins, An account of coins et treasure found in Cuerdale, 1841, p. 65, 66, 87, 88 et 89. — Rem. sur la vil. d'Etaples, Ms. de la bib. imp. Coll. de D. Grenier.

dut languir, s'effacer peu à peu et cesser d'exister d'abord comme atelier monétaire, puis comme port de commerce, enfin comme cité historique.

Mais, pendant que quelques villes s'éteignaient sur les côtes de l'Océan, d'autres renaissaient, transformées, pleines de sève et d'avenir, n'attendant même pas pour reparaître que la guerre eût entièrement fini sur les rives de l'Escaut et de la Seine.

Dès la première année du Xe siècle, Boulogne relève ses murailles. Ses habitants dispersés reviennent à la voix du comte Erkenger. Le port s'anime de nouveau, les reliques des saints si chères à ces populations croyantes, sont rapportées de Chartres en triomphe, le commerce refleurit. A peine rebâtie, la ville semble déjà assez forte pour servir de refuge contre les incursions toujours redoutées des Danois. Erkenger y transporte les ossements de S. Bertoul qu'il ne croit pas assez en sûreté à Renty (1).

Vers le même temps, le comte de Flandre, Bauduin II, revêt Bergues, Ypres, Bourbourg, de fossés et de remparts. Il achève les fortifications de S. Omer et, poursuivant la pensée de l'abbé Foulques, donne, suivant les traditions locales, la garde de la porte Boulnisienne aux habitants d'Aveskerke, et de celle du Haut-Pont aux châtelains de Bourbourg (2).

Partout se réveillent l'activité, la confiance et la vie sociale. Le bourgeois retrouve sa maison, le serf sa chau-

(1) Erat quippe Bolonia munita tunc temporis civitas mari Morinorum propinqua mercibusque marinis præcipua sede insuper episcopali et benedictione consecrata (V. S[ti]-Bertulfi ap. Surium 5 feb. c. 2). — Henri. Ess. sur l'arr. de Boulogne, p. 247.

(2) Folquini lib. I, p. 139. — J. Iperii chr. S. Bertini, c. XXI. — Hist. ms. de S. Omer, bib. de S. Omer, n° 810, p. 271.

mière, le religieux son église. On sent que les mauvais jours sont passés. On se précipite vers l'avenir avec l'impatiente ardeur du lendemain des grands désastres. Les sillons se rouvrent : les villes sortent de leurs tombeaux.

De loin en loin cependant, comme les derniers coups de tonnerre d'un orage qui s'éloigne, les armées northmandes jettent encore l'alarme dans les campagnes de la Morinie. La guerre incessamment suscitée au duc Roll, à son fils, à son petit-fils, par le comte de Flandre Arnoul, le plus implacable des Franks acharnés à détruire l'œuvre du traité de S. Clair, ramène les bandes du Nord dans les plaines de l'Artois devenues le domaine du marquis flamand.

C'est ainsi qu'en 925, Roll, menacé à la fois par le comte Arnoul et le roi Raoul, ayant fait appel à ses sauvages compatriotes (1), une flotte danoise entra dans la Seine portant une armée qui, pareille à celle des Hasting et des Sigfrid, venait mettre son épée dans la balance. Conduits par le jeune Guillaume, fils du duc Roll, ces farouches auxiliaires traversent, en les dévastant, la Picardie et les provinces maritimes. Mais, ils n'ont plus affaire à ces troupeaux d'hommes qui se laissaient autrefois égorger sans défense. Sur tous les points, les châtelains tiennent la campagne avec leurs paysans (2), repoussent les païens et donnent au roi Raoul le temps d'accourir.

Celui-ci arrive enfin, grossissant son armée des forces

(1) Eodem tempore, Normanni, ut eorum moris erat, vocatis sibi de Dacia auxiliis..... (J. Iperii chr. S. Bertini, pars II, an 928).

(2) Castellani, cum suburbanis egredientes, Normannos expellunt (Frodoardi, annal., an 925. Pertz, t. III).

levées par les barons des pays maritimes (1) et surprend dans le pagus de Thérouanne les Northmans qui se retirent précipitamment à la vue des Franks, après avoir, dans un accès de rage, égorgé tous leurs prisonniers (2).

Indignés, avides de vengeance, les chrétiens atteignent leurs adversaires sur les hauteurs de Fauquemberg. Les Northmans, fidèles à leur vieille tactique, se jettent dans un bois voisin et s'y retranchent. Mais, résolus à les traquer comme des bêtes fauves, les Franks cernent le bois, creusent des retranchements tout à l'entour et enferment les Danois dans un cercle de fer. Environnés de toutes parts, n'ayant plus de salut à attendre que du désespoir, ceux-ci, au milieu de la nuit, font une sortie, mettent le feu aux tentes des chrétiens, sèment la mort dans le camp et font une large trouée dans les rangs pressés qui les enveloppent. L'alarme fut chaude. Le roi Raoul fut blessé à l'épaule, le comte Helgaud périt dans la mêlée et un certain temps la victoire demeura en suspens. Mais, une vigoureuse manœuvre du comte Héribert décida enfin le succès. Les Northmans furent écrasés : huit mille des leurs, suivant Richer, onze cents seulement, d'après Frodoard, restèrent sur le champ de bataille et le lendemain le roi vainqueur reprit le chemin de Laon chassant devant lui le reste des fuyards (3).

Dix-huit ans plus tard, la chronique de S. Bertin, peut-être pour atténuer l'horreur de l'assassinat du duc

(1) Assumpto exercitu ab his qui loca maritima incolebant. (Richeri hist. l. I. Pertz, t. V, p. 583).

(2) Cognito hoc, Northmanni, captivos quos de diversis locis sumpserunt, jugulaverunt. (Folquini, l. I, p. 138).

Quo cognito, Normanni omnes captivos suos jugulaverunt. — (J. Iperii chr. S. Bertini, c. XXII, pars II).

(3) Richer. ibid. — Frodoardi, ann. a. 926.

de Normandie, Guillaume Longue-Épée, fils de Roll, par le comte-abbé Arnoul, à l'entrevue de Picquigny, assure que le prince normand, peu de temps avant sa mort, avait, comme son père, fait de nouveau venir du Danemarck des hordes païennes qui dévastèrent les comtés de Boulogne et de Thérouanne et les terres de Sithieu (1). Mais, ce récit, qui s'accorde mal avec celui des autres historiens, a un caractère suspect et ne mérite qu'une faible confiance.

En tous cas, cette expédition, si elle eut lieu, fut la dernière, et quelques années plus tard il ne restait dans la Morinie d'autres traces du passage des hommes du Nord que la seigneurie fondée à Guînes par le danois Sifrid.

Ce personnage, dont l'histoire à demi-fabuleuse ne nous est parvenue qu'à travers le voile des traditions poétiques, était, suivant Jean d'Ypres, l'un de ces rudes Northmans qui, avant la conversion de Roll, répandaient l'épouvante dans les Gaules. Après la pacification générale, il retourna dans la Péninsule scandinave ; mais, vers 928, las du repos et jaloux de se tailler, comme les Roll et les Gerlo, une seigneurie dans la terre de France avec le tranchant de son épée, il aborda près de Guines, qui appartenait aux abbés de Sithieu, s'en empara, y construisit un donjon assis sur une de ces mottes de terre, emblème de la puissance féodale, et ceinte d'un double fossé, prit le titre de seigneur de Guines et sut se faire

(1) Videns et dolens inclytus comes et abbas noster Arnulfus, quod Nordmanni à Willelmo secundo Normannorum duce, Rollonis filio, a Dacia hæc nostra Picardiæ littora, maximeque Boloniensis ac Terruanensis comitatus terramque Sythiensem devastabant. (J. Iperii chr. S. Bertini, c. XXIII).

assez aimer ou craindre du comte Arnoul pour que celui-ci, malgré les réclamations de son frère Adalolphe, abbé de St Bertin, le reçût à foi et hommage.

Jusqu'ici le récit de Jean d'Ypres ne s'écarte pas de la vraisemblance. Mais, bientôt le roman se mêle à l'histoire. Le Danois, transformé en galant paladin, séduit la fille du comte, la belle Elstrude, dont la honte ne tarde pas à devenir visible à tous les yeux. Arnoul, furieux, jure de se venger du vassal félon qui a trahi la foi due à son seigneur. Sifrid s'enfuit dans le château de Guines, essaie en vain de résister et, dans un accès de désespoir, se pend dans le donjon, en laissant son comté à l'enfant qu'Elstrude porte dans son sein. « Tel est, dit le chroni-« queur, le commencement des comtes de Guines, dont « le premier fut le bâtard Ardulphe. »

Plus tard, d'autres chroniqueurs viennent encore broder sur ce thème qui flattait médiocrement l'amour-propre des sires de Guines. Sous la plume de Lambert d'Ardres, Sifrid n'est plus un grossier pirate, persécuteur des chrétiens avant sa conversion et plus tard spoliateur des couvents. C'est un neveu du roi de Danemarck, son plus proche parent, le plus brave des chevaliers, héritier de Walbert, comte de Ponthieu, de Thérouanne, de S. Pol et de Guines, l'un de ces héros fabuleux auxquels remontent toutes les antiques généalogies, qui, à la tête d'une troupe de vaillants hommes, vient revendiquer son patrimoine, s'empare de la terre de Guines et fond avec le sang des comtes de Flandre celui des petits-fils d'Odin.

A travers ces poétiques fictions, il est aisé de reconnaître le guerrier du Nord, qui, du droit de l'épée, s'empare, comme le premier duc normand et le comte de

Bloys, des domaines à sa convenance, soutient par la ruse ce que la force et l'audace ont commencé, et, par peur ou par entraînement, obtient du comte de Flandre, en échange de l'hommage et au prix du baptême, la ratification de sa prise de possession (1).

L'établissement de Sifrid-le-Danois est le couronnement et le dernier souvenir des expéditions scandinaves dans la Morinie. Les invasions des hommes du Nord touchent au moment où elles finiront partout à la fois. Le christianisme a pénétré dans les trois royaumes de la Péninsule. La piraterie est proscrite par les nouvelles monarchies scandinaves, poursuivie, étouffée dans son berceau même.

Le dernier flot des invasions du nord s'arrête, et l'Europe nouvelle, l'Europe de la chevalerie et des croisades, si longtemps tenue en échec par les Northmans, prélude à ses radieuses destinées en se lançant avec eux sur l'Angleterre et la Sicile.

En terminant, qu'il soit permis à l'auteur de répéter les paroles éloquentes et presque prophétiques auxquelles ce travail a eu la bonne fortune de fournir l'occasion de se faire entendre au sein de l'assemblée qui l'a couronné :

« Les grandes secousses sociales portent leurs enseignements : elles sont des avertissements pour l'humanité de se tenir sur ses gardes. En les étudiant, on apprend à éviter les causes qui les ont produites. Sous divers

(1) J. Iperii chr. S. Bertini, c. XXII et XXVIII. — Chronica Ghisnensis et Ardens. Lamberti presb. c. 7, p. 16. Ms. de la bib. de S. Omer, n° 819.

aspects, elles menacent constamment les sociétés humaines et la barbarie plane toujours sur la civilisation. Dans tous les temps, le Nord a eu ses barbares qu'il a fallu tenir à distance. Les peuples septentrionaux ne cessent de tourner leurs regards vers les contrées plus favorisées que les leurs, où l'attraction d'un climat doux et favorable, l'appât des richesses et des produits d'un art avancé les a trop souvent conduits (2). »

(2) M. Hermand, rapport à la Soc. des Ant. de la Morinie sur le concours de l'an 1853, lu l'année même de la déclaration de guerre à la Russie.

FIN.

www.ingramcontent.com/pod-product-compliance
Ingram Content Group UK Ltd.
Pitfield, Milton Keynes, MK11 3LW, UK
UKHW031946260826
14628UKWH00004B/1879

9 782013 373548